鄭樑生著

文史哲學集成

中日關係史研究論集(十三)

文史哲出版社印行

國家圖書館出版品預行編目資料

中日關係史研究論集. 十三 / 鄭樑生著. -- 初版
. -- 臺北市：文史哲, 民93
面； 公分. -- (文史哲學集成；489)
含參考書目
ISBN 957-549-552-7 (平裝)

1.儒家 – 日本 – 論文, 講詞等 2.中國 – 外交關係 – 日本 – 論文, 講詞等 3. 中國 – 歷史– 明（1368-1644 - 論文, 講詞等 4.中國 – 歷史– 清（1644 -1912）- 論文, 講詞等

643.128 93004833

文史哲學集成 ㊽⑨

中日關係史研究論集(十三)

著者：鄭樑生
出版者：文史哲出版社
http://www.lapen.com.tw
登記證字號：行政院新聞局版臺業字五三三七號
發行人：彭正雄
發行所：文史哲出版社
印刷者：文史哲出版社
臺北市羅斯福路一段七十二巷四號
郵政劃撥帳號：一六一八〇一七五
電話 886-2-23511028・傳真 886-2-23965656

實價新臺幣三六〇元

中華民國九十三年（2004）四月初版

ISBN 957-549-552-7

序

本論文集乃筆者有關中日關係史研究，於最近階段的研究短篇集結而成。雖然各篇寫作的時間不同，但都集中在文化、外交、軍事等層面，及其相關事宜逐一探討。

首篇爲〈日本中世禪林的儒學研究〉作一概觀，論述日本鎌倉、室町時代的禪僧們與朱子學的關係，及那些禪僧們對儒學的看法，與夫對宋學所爲之詮釋。由他們的衆多著作裏，我們可發現日本初期禪僧的儒書研究，主要爲便於教化世俗而爲，然隨著歲月的流逝，其爲禪僧之基本立場卻逐漸被遺忘，致爲研究儒書而研究、註釋儒書，忘了身爲禪僧的本分，此實爲朱子學東傳之初始料未及者。

日本自古以來由公卿社會，尤其以儒學爲世襲家職的博士家之儒學，無不根據馬融、鄭玄、何晏、皇侃、孔安國等人之註疏，亦即以所謂古註來講授，而逐漸各自形成家說而秘傳化、形式化、僵化，了無生氣之際，因受新儒學之影響，在保守的公卿之間也從事宋儒新註書的研究，至十五世紀中葉已傾向於宋學，完全根據宋儒新註來立說。地方儒學也受其影響而盛行此一方面的鑽研，因而產生薩南學派與南學派。在此情形之下，日本儒學的內容在其江戶時代，已不完全祖述宋儒之說，而能建立其獨自的領域。

第二篇〈朝鮮東學黨之亂爆發後日本陸軍之動態〉，論述朝鮮自甲申事變以後內政的腐敗，致民衆生活陷於水深火熱之中。當此之時，該國南部爆發了以「除暴救民」爲口號，以「斥倭洋倡義」爲旗幟的反抗政府運動——東學黨之亂。朝鮮當局對此一變亂束手無策，乃請宗主國清朝遣軍協助平亂。此舉竟使一向對朝鮮虎視眈眈的日本藉機出動大軍，企圖與清軍一決雌雄，排除中國在半島上的勢力。

因此，當朝鮮爆發民亂時，日本非僅未同情鄰國發生此一事變而萌助其早日平定內亂之念，反而處心積慮地備戰，使自己能夠趁機獲得更多的利益。所以當其侵略部隊陸續開進朝鮮時，內亂雖已平定，卻認爲日本「現在如不入漢城，將失去機會。」「即使在外交上發生若干困擾，也以讓那些兵員進入漢城爲有利。因此，仍以綏靖內亂爲藉口進兵，對朝鮮國未來的政策，則日本政府在不得已時，將採強硬措施。」故它不僅不肯撤兵，反而採取積極的軍事行動，先發制人。故本文乃對日本之積極備戰的陰謀，與清軍之喪失戰機作一段歷史考察。

第三篇〈甲午戰爭前的中日兩國動態〉，係繼前篇文章後作較深入的論述。朝鮮爆發東學黨之亂後，因一時難於敉平，乃要求袁世凱代向清廷請派部隊助戡內亂。袁氏獲朝鮮請援公文後即電告李鴻章。李鴻章即飭丁汝昌、葉志超、聶士成等海陸軍將領，分別統率軍艦與勁旅，配齊軍裝，分乘船艦前往朝鮮，並命駐日全權公使汪鳳藻，將派兵事知照日本外務省，以符《天津條約》所訂條款。

日本於聞知清廷有意遣軍協助朝鮮戡亂後，即積極備戰，欲藉此機會戰勝中國，將中國勢力排除於半島之外。因此，當其部隊抵朝鮮之際，因內亂已結束而朝鮮當局要求其撤兵時，不但不肯撤，仍繼續不斷地布署戰爭，復向清廷提出由中、日兩國共同改革朝鮮內政，但爲清廷所拒絕。由於撤軍問題無法解決而朝鮮戰雲密布，雖然如此，李鴻章卻一味迴避戰爭，未作適當的軍事布署，使清廷當局頗爲不滿。後來李氏雖因接到訓令而急速增派兵員前往朝鮮，並妥籌沿海衝要處，惟這些措施尚未獲得妥善安排時，日軍竟在豐島海面突襲中國軍艦，戰端遂開。

第四篇〈乙未割臺始末〉，亦係繼前文所爲之論述。本文首論朝鮮爆發民亂的原委，與中、日兩國因此民亂而出兵朝鮮的經緯。次言日本在決定派兵之際所爲之陰謀，尤其是日本陸軍的動態。日本雖積極備戰，李鴻章卻始終主和，所以他雖接到緊急備戰的命令而提出備戰計畫，並調派將領分赴朝鮮各地，卻不主張立即開啓戰端，仍希望事情有所轉圜而不知日本眞意，致失機先。

中、日甲午之戰爆發後，清軍節節敗退，故於開戰後不久，清廷即有意與日本媾和。清廷所遣瑞良等二十四名和談代表，雖於光緒二十一年正月五日抵神戶，卻不爲日方所接受，而不得不改派李鴻章父子前往，經過一波三折後，終於簽訂喪權辱國的馬關條約，除二億兩賠款外，還將遼東半島及臺灣、澎湖等島嶼割讓日本。臺灣人士見割臺成定局後，曾建立臺灣民主國，以臺灣巡撫唐景崧爲總統，然此民主國有如曇花，瞬間即逝。當時的臺灣居民雖奮力抵抗日軍，卻寡不敵衆而失敗。自此以後，臺灣同胞便受異族的統治長達半世紀之久。

第五篇〈私販引起之倭亂與徐海之滅亡〉，首論明代，尤其嘉靖年間所發生寇亂與私商之間的關係，次言嘉靖二十年代寇亂與浙江巡撫朱紈掃蕩倭寇淵藪的梗概。朱紈雖因嚴厲執行海禁而頗能遏止寇亂的蔓延，卻因得罪與寇盜有密切關聯的貴官家，引起他們的不安忌恨。結果，落職、自殺。紈死後，撤備弛禁的結果，海內騷動，明廷為之旰食者六七年，至竭東南之力，僅乃勝之。

嘉靖三十年代的寇亂係由私販所引起，勢家護持之。當時的寇亂起因原是小事，亦即因債務糾紛而起，而渠魁王直、徐海等素竄其中，以內地不得逞，所以都前往日本諸島為主謀。倭人聽其指揮，乃誘之入寇。在此情形之下，海中巨盜遂襲倭服飾、旂號，並分艘刼掠中國東南沿海各地而無不大利，故倭患日劇。渠魁徐海出身杭州虎跑寺，隨其叔銓赴日後，在極短時間內居然成為僅次於王直的大頭目，在浙海一帶作亂。雖然如此，竟中浙江總督胡宗憲的反間計，終於死在乍浦之沈莊，結束其戲劇性的一生，而浙江倭寇也因此得以漸次收斂。

末篇〈太田弘毅著《倭寇——商業・軍事史的研究》〉，敘述在有明一代，中國東南沿海地區飽受倭寇擾害之際，那些倭寇到底從事怎樣的走私活動？前此學者所為之倭寇研究，其成果雖頗足觀，惟那些研究大都傾向於倭寇的起源、組成分子、寇掠的實態，及他們對當時中國所造成的災害，或因此寇亂所引起中國官場派系的傾軋等，而著眼以倭寇之走私問題者不多。

雖然如此，日本東北女子大學教授太田弘毅，卻能利用《明實錄》、《明史》、《籌海圖編》、《武備志》、《日本一鑑》、《倭變事略》等史料，從商業的、軍事的層面來論述倭寇走私中國的焰硝、鐵至日本，與偷運日本所產刀劍、扇子、硫黃至中國等問題，及那些走私貨在中、日兩國的用途等。此外，他也言及日本古代的八幡大菩薩信仰與倭寇之間的關係，而其說具有說服力。因作者在書中提出許多與衆不同的見解，故筆者乃不辭覶縷，逐篇作扼要的介紹，並於文末對該書所爲論述表示若干意見，以就教於方家。

以上諸篇文字固不免有筆者主觀的看法，然而一旦出版，公諸大衆，就算是一步客觀化的歷程罷！尚祈海內外方家不吝賜教。

二〇〇四年歲次庚申仲春**鄭樑生**識於淡江大學歷史學系

中日關係史研究論集㈩三 目次

日本中世禪林的儒學研究

一、前　言

「德者善政，政在養民」，此固爲《尙書》所記載禹王的話，卻簡潔地表示了中國自古以來儒教政治思想的核心。天命使有德者爲天子，天子如失德，則此天命便轉移至他人，此即易姓革命。德政與易姓革命乃中國政治思想的兩大基石，儒教即由體君子之德的道德之學，與以君子之德來治國之政治學兩個層面所構成。（註一）

日本雖以《尙書》及其他儒家經典作爲大學的教科書，並用之以培養官吏，以爲輔翼帝德之資，卻以排除易姓革命爲前提，故其德治主義與中國有異，形成日本政治思想的特色。平安時代的儒學由公卿貴族執牛耳，然隨著時間的流逝，律令制度所規定的官吏之學問——明法道、明經道、文章道等學科竟產生興盛與式微的差異。故至中世時，最隆盛者爲文章道（日後之紀傳道），而經學研究與思想則一蹶不振，致學問與現實乖離。保元之亂（註二），尤其承久之亂（註三）以後，無論政權或朝儀都如桑榆暮景，欲振乏力，致大學教育與經學之研究傳統已失。但在另一方面，經學卻有以新形貌來恢復活力的徵兆。帶給日本中世經學研究活力者爲禪僧，他們鑽研儒學時所用教本與公卿貴族之用漢唐古註者不同，乃採宋儒新註書，給前此已經僵化、停滯不前的儒學研究灌注充沛的活力，而其研究成果亦有足觀者。因此，本文擬探討那些禪僧研究新儒學的情形以就教於方家。

二、日本禪僧與朱子學的關係

自從菩提達磨將禪宗東傳中國以後，至宋代已相當興盛而獲不少士大夫之皈依，此可由曉瑩禪師《雲臥紀談》、《羅湖野錄》，文瑩禪師《湘山野錄》、《玉壺野史》，方勺《泊宅編》，曾敏行《獨醒雜志》等北宋人之各種紀錄窺見其端倪。就宋儒新說之倡始者周、程、張、邵諸君子言之，他們與禪宗也有不少淵源。如據諸君子與宋代學者的紀錄，周濂溪曾就學於鶴林寺僧壽涯，與東林之常聰禪師，程明道學禪於興國寺，嘗稱禪之威儀曰：「三代禮樂在此」。程伊川則以釋迦爲西方賢者，言佛教亦有敬以直內之教。邵康節有〈學佛吟〉，其世界觀有根據佛說之概。張橫渠之氣聚散論似佛之輪迴說，〈西銘〉之宗旨則酷似明教契嵩禪師之孝論。（註四）至於南宋大儒朱晦菴，其師胡籍溪、劉屏山、劉白水、李延平諸儒皆曾學禪，而晦菴也曾問敬之義於文禮禪師，且珍重大慧宗杲禪師《語錄》。（註五）朱子學之得於禪教者爲心性說，故晦菴以心之本體爲虛靈不昧而具衆理，應萬物，以心爲萬事之根本與出發點。禪對心的修養有大、小乘二法，前者乃隨時隨地處於無心之境，後者則是坐禪，亦即在一定場所，一定時間裏，以求達到淡然無心之境，而朱子學之修養法居敬、靜坐亦由來於此。（註六）

朱子學與禪俱以明心之本體爲要，然其歸趨雖同，徑路、方法則異。禪不立文字，故雖有修養工夫，卻不專事學問研究，朱子學則學問研究與修養工夫兼顧。前者之修養在坐禪，以心傳心，頓悟見性爲宗，後者則格物、致知、窮理、誠意，以明虛靈不昧之本體——心，一旦豁然貫通，便與禪之見性相同。此兩者的歸趨雖同，目的、立足點卻迥異，即朱子學立足於有（入世），禪立足於無（出世），前者智德不離，知行合一（研究：智、知；修養：德、行），使一身完美，以舉小而教化庶民，大而治國平天下之實爲目的，禪則無此目的。簡言之，朱子學係取禪之心學而予以儒化，以爲達到修齊治平之目的之基礎；取禪之修養方式，使之成爲有秩序的、平易的而無弊害，亦即將它作儒教的改良，並從事知慧的研究，使之成爲實際的、世間的一環。（註七）

如據日本史乘的記載，將朱子學首傳至扶桑者爲不可棄乘俊芿法師，之後則有赴日傳布禪宗的華僧蘭溪道隆、兀菴普寧、無學祖元、一山一寧，及至中國學禪之日僧圓爾辨圓等。中、日兩國的這些僧侶所師事者俱爲南宋之禪僧，其通曉朱子學者則爲北磵居簡、癡絕道沖、無準師範、環溪惟一等臨濟宗名衲。茲圖示如次：

癡絕道沖——*圓爾辨圓
　　　　　#蘭溪道隆
　　　　　#兀菴普寧
　　　　　#頑極行彌——#一山一寧

北磵居簡——*不可棄俊芿
　　　　　*辨圓圓爾
　　　　　#蘭溪道隆
　　　　　#無學祖元

無準師範——#圓爾辨圓
　　　　　#蘭溪道隆
　　　　　#兀菴普寧
　　　　　#無學祖元
　　　　　#環溪惟一——#鏡堂覺圓

#華僧
*日僧
（註八）

由上圖可知，將朱子學傳播日域之中、日兩國僧侶，均曾師事癡絕道沖、北磵居簡、無準師範等高僧，他們對宋儒新說均有精湛的研究，而尤以癡絕、北磵爲然。癡絕云：

大哉心乎，巨無不周，細無不久；增不爲贅，減不爲虧。默爾而自運，寂然而善應。不疾而速，不行而至。方體不能拘，度數不能窮，昭昭然在日用之中。而學者不得受用者無他，蓋情想汨之，利欲昏之。細則爲生住異滅所役，麤則爲地水火風所使。忘己逐物，棄眞取僞，卒於流蕩不返者，舉世皆是。儻能去心之蔽，復性之本，於日用之中，明見此心，則情想利慾，生住異滅，地水風火，皆爲吾之妙用。（註九）

此語有如朱子學派之心性論，明顯受到程、朱二子復性說之影響。又云：

儒者曰：「君子深造之以道，欲其自得之也。自得之，則居之安，居之安，則資之深；資之深，則取之左右逢其原，故君子欲自得之也。大凡欲明個事，須有自得之妙。然後心未忘，則不能居之安。居安之地不脫，不能資之深。果能忘其所得之心，脫去居安之地，資深之域，皆爲吾之妙用。（註一〇）

此係引《孟子》〈離婁篇〉之語，以言道在自得，且將左右逢原的境界比作禪教的頓悟見性，以融合儒、釋兩教。北磵則云：

> 大乘之書五部，咸在釋氏，所以破萬法者也。爲《詩》，爲《書》，爲《禮》，爲《易》，爲《春秋》，則聖人所以妙萬法者也。初以《般若》破妄顯眞，則《詩》之變風變俗也。次以《寶積》顯明中道，則《書》之立政立事也。次以《大集》破邪見而護正法，則《春秋》明褒貶，顯列聚，大中之道也。次以《涅槃》明佛性，神德行，則《中庸》之極廣大而盡精微也。次以《法嚴》圓融理事，則《易》之窮理盡性也。（註一一）

此乃言大乘佛教的五部經典與儒家的五經旨意合而兩教一致，且以《中庸》代表《禮記》，說它「極廣大而盡精微」；《周易》爲「窮理盡性」之書；《春秋》則合乎「大中之道」，這很明顯的在祖述朱子之學。

一二六〇年（南宋景定元年，文應元年）赴日的兀庵普寧，他說儒、釋兩教之一致曰：

> 儒教亦云：「君子務本，本立而道生」。此本即是自己本命元辰，本來面目。得此本立，方可得道生，本若不立，何緣得道？（註一二）

此係解《論語》〈學而篇〉有子所言「務本」之本為心性，它與禪教之本來面目同一不二。一二六九年(南宋咸淳五年，文永六年)東渡的大休正念則言儒、釋、道三教之一致曰：

文行忠信，常樂我淨。清淨無為，各正性命。三足鼎分今，乾坤泰定。(註一三)談實相，興禮樂，抱至一，等先覺，覺乎後覺。覺此道於渾沌之前，返澆漓而復于大朴。(註一四)

此言孔子之文行忠信，釋迦的常樂我淨，老子的清淨無為，俱為正性命之道，故三教無不以明心為要，而道出三教一致之所在。其言釋迦之談實相，孔子之興禮樂，老子之抱至一，而各覺後覺，而施教之跡彼此有異。至於以儒教言明心之要，則係根據朱子學而來。(註一五)

一二七九年(南宋祥興二年，弘安二年)受鎌倉幕府執權(職稱)北條時宗之聘前往日本的無學祖元，也甚受日域人士之尊崇，北條不僅親執弟子之禮，還在鎌倉建圓覺寺以之為開山(一二八二)。無學曰：

坐禪之時，一切放下，此身此心，要與太虛平等圓滿，而不見太虛之量。(註一六)不隨聲色名利，死生恐怖，便隨六道輪回，處處作用，處處出沒，處處遊戲。入火不燒，入水不溺。在方同方，在圓同圓。與太虛同一相貌，謂之圓覺道場。(註一七)道學先正心，正心可學道。(註一八)

此係將心比作太虛，以言心即太虛，這種說法可能是根據張橫渠之太虛說而來。王陽明以心有人心與道心，雜私欲者爲人心，不雜私欲者爲道心，道心即天理。人心得其正爲道心，道心失其正爲人心。去私欲即去過分之欲，是爲正心（意誠），即返於天理（明德之道）。擔任公職者以愛民爲明德，若懷有愛財之心，則貪污不正，欲爲好官或好民意代表，必去愛財之欲，歸於正道。是人求達其至善之境，以修身爲本，其工夫爲正心。（註一九）因此，無學對正心兩字的理解，應是根據《大學》〈傳之七章〉而來。

至於在一二九九年（大德三年，正安元年）奉元成宗之命，東渡詔諭日本的一山一寧，他曾贊孔子說：

學爲萬世所師，道由一貫而傳；也知三千高弟，尚泥《六籍》陳言。（註二〇）

此言孔子之教在明心性，故歎惜三千高弟拘泥於《六經》之陳言。一山雖未言儒、釋兩教之一致，然從將孔教視爲重視心性者觀之，則他之有這種想法，實不言自明。又說：

道同佛祖，以深慈拯覬黎元，德合乾坤，以至仁鎮隆社稷。（註二一）

足利衍述以爲如從深慈與至仁相對的情形來看，則一山係將佛之慈視如儒之仁，而由此認爲儒、釋兩教之一致。（註二二）

自一山東渡後，日本禪林便開展研究中國學術之機運，而此一時期適爲中國禪林文學世俗化的時代，（註二三）故其作風也被原原本本的東傳日本，或許因此播下日本禪林文學發達的種子。此乃由於以一山爲始的禪林學術系統，經虎關師鍊以後，主要由京都東福寺傳衍下去，而東福寺又是五山文學的大本營之一的關係。因系出東福寺的禪僧具有古典主義的，研究學術的傾向，所以出身該寺的僧侶自然有擅長文學的，但鑽研學術者更多，如岐陽方秀、桂菴玄樹等是。（註二四）

與此相對的，在元末前往日本的華僧清拙正澄、明極楚俊、竺仙梵僊等大師，他們都曾受元末偈頌運動的洗禮，（註二五）欲於日本佛教界推展文藝運動，乃以竺仙爲中心製作偈頌，而雪村友梅、月林道皎、石室善玖、中巖圓月等僧侶，則組織一個友社從事創作偈頌。此一組織成爲五山文學的胚胎，而五山文學的雙璧絕海中津與義堂周信，皆曾受這些高僧的薰陶。（註二六）

絕海曾於一三六八年（明洪武元年，正平二十三年、應安元年）偕汝霖良佐至中國，師事季潭宗泐、龍門清遠等高僧。於覲見明太祖之際，就日本熊野之徐福祠爲題，獲賜唱和。他著有詩文集《蕉堅稿》，分別由僧錄司左善世獨菴道衍，與杭州中竺寺如蘭和尚爲其作〈序〉與〈跋〉，而其作品受季潭的影響頗深，（註二七）所以他能將元末明初世俗化的禪林文學移植日本。此後，絕海的門派主要以京都建仁寺爲中心傳衍下去。他們均擅長駢文而富於詩的技巧。義堂的門流則大體以京都相國寺爲中心，作風平明而工於散文。當時日本禪林學習中國文學的情形既如此，又出現擅長詩文、學行俱高的高僧，則其他禪僧之群起效尤，造成研究中國詩文的風氣，殆無疑慮。（註二八）

得在此附帶一言的就是：日僧圓爾辨圓留學東歸（一二四一）之際曾帶回大批漢籍，其關於朱子學者有胡安國《胡文定春秋解》四册，張九成《無垢先生中庸說》二册，朱熹《晦菴大學》一册、《晦菴大學或問》三册、《晦菴中庸或問》七册、《晦菴集註孟子》三册，《論語直解》三册（註二九），《五先生語》二册（註三〇）等。

日僧既然接受對朱子學有造詣的華僧之教導，且於學成回國之際帶回許多相關圖書，則那些圖書之對日本朱子學之發展，自然會產生相當的作用。更何況又有一山一寧等對此一學術領域有極高成就者東渡弘揚，遂促使日本朱子學研究發達，造成五山文學的高峰。

三、日本禪林的儒學觀——以宋代朱子學爲中心

1日本禪林的宋學觀

衆所周知，宋學與禪之教理靈犀相通，其作爲實修的居敬窮理與禪之打坐見性有一脈相通之處，故禪僧易於理解且感受其親近性。初時，儒者中雖有人排佛，但在禪僧方面如明教契嵩、北磵居簡、癡絕道沖、無準師範等，卻言儒佛不二而倡三教一致，對儒學採包容的立場，而這種風潮支配了宋代禪林。另一方面，利用宋學的概念或理論來說禪，這對親近宋學的上層士大夫或知識階層弘揚禪旨頗爲有效。因此，從宋代至元代之間的禪林，尤其江南的禪林，研究宋儒新說者頗多。而禪宗之東傳日本，乃正値宋學風靡於學界與思想界的南宋以後，亦即在既從事禪的修行，又肯定、容納宋學的南宋以後的禪林。（註三一）並且當時又有許多學行俱高的華僧渡日域

弘揚禪教，從而促使彼邦禪林研究宋學的風潮。

當我們批閱於一二四六年東渡日本，歷住筑前圓覺，京都泉涌、來迎院，鎌倉壽福諸寺，成為鎌倉建長寺開山的蘭溪道隆之《大覺禪師語錄》時，可發現如下之一段文字：

蓋載發育，無不出于天地，所以聖人以天地為本，故曰聖希天。行三綱五常，輔國弘化，賢者以聖德為心，故曰賢希聖。正身誠意，去佞絕姦，英士踏賢人蹤，故曰聖希賢。乾坤之內，宇宙之間，興教化，濟黎民，實在於人耳。（註三二）

蘭溪所謂聖希天、賢希聖、士希賢，即周濂溪《通書》〈志學〉第十之語，正身誠意出自《大學》八條目，蓋載發育得自《中庸》，由此當可窺知其朱子學造詣之一斑。

據文獻的記載，華僧一山一寧的學問該博，四部之書，無不窺者。其日本弟子虎關師鍊稱美之曰：

教乘諸部，儒道百家，稗官小說，鄉談俚語，出入氾濫，輒累數幅，是以學者推博古。（註三三）

因此，緇、素俱師事於他。可見一山對佛、儒兩道之學都有相當的研究。一山係以孔教為明心性之要旨者，所以他痛惜三千高弟之拘泥於《六經》之陳言而忽略其要旨。一山雖未曾明言儒、佛兩教之一致，然他既以孔教之要旨為心性，則其內心之有此意，實不言自明。

渡日華僧對朱子學的看法既如此，那麼，其日籍弟子們的新儒學觀又如何？義堂周信曰：

凡孔孟之書於吾佛學，乃人天教之分齊也，不必專門，姑爲助道之一耳。經云：「法尚可捨，何況非法」。如是講則儒書即釋書也。（註三四）

此雖係將儒學作爲教化世俗之用，而基本上並未脫離釋教，但對於新、舊兩註的看法，則對宋儒新註的評價頗高。曰：

近世儒書有新舊二義，程、朱等新義也。宋朝以來儒學者，皆參吾禪，一分發明心地，故註書與章句學迥然別矣。《四書》盡朱晦菴，菴及第以《大慧書》一卷，爲理性學本。云云。（註三五）

宋儒新註既然較漢唐古註爲優，那麼其差異如何？義堂又曰：

漢以來及唐儒者，皆拘章句者也。宋儒乃理性達，故釋義太高。其故何？則皆以參吾禪也。（註三六）

此話雖難免自抬禪學之譏，卻可由此瞭解其宋學觀。至於他所說「《四書》盡朱晦菴」一語，值得我們注意。

日本禪林首先講授《四書集註》者爲岐陽方秀，（註三七）他對新儒學的看法是：

曾子傳孔子之孫子思，子思傳孟子。孟子歿而言性事絕不傳。漢儒終不知性，宋儒始興。……宋朝濂溪先生周茂叔云太極也後，始傳二程子，二程至朱晦菴，儒道一新。（註三八）

可見他也重視宋儒新註，以朱晦菴爲儒學之正統而尊重宋學。

時代稍晚的鞠之慧鳳不僅對宋學頗爲傾倒，對晦菴本人也崇拜不已。曰：

建安諸夫子出于趙宋南遷之後，有泰山巖巖之氣象。截戰國、秦、漢以來上下數千歲諸儒舌頭，躬出新意。聖賢心胸，如批霧而見太清。數百年後儒門偉人名流，是其所是，非其所非，置之於鄒魯聖賢之地位。仰之如泰山、北斗，異矣哉！三光五嶽之氣，鍾乎是人，不然奚以至有此乎。（註三九）

此乃對晦菴的景仰之語，可見他對朱子學的評價之高，對朱子有五體投地之概。季弘大叔則曰：

居士知彼天乎？天寔不易。云天者，道也，理也，性也，一心也。仰而觀蒼蒼者謂之天，不近於兒童見耶？昔聖宋之盛也，周、邵、程、朱諸夫子出焉。而續《易》學不燄之光於周、孔一千餘年之後。太極無極，先天後天之說，章章于世。天非有先后之異，均具于太極一氣之中而已矣。且夫人之脩身誠意者，天與吾一而能樂其天者也。……天謂人欲幾嶄絕，則云理，云道，云性，云一心，皆囿于吾混焚一理之中。猶如太極生兩儀、四象、八卦，凡天地萬物，含容于一太極也。（註四〇）

桂林德昌更曰：

譬諸儒宗，則文武傳之周公，周公傳之孔子，孔子傳之孟軻。孟軻之後，不得其傳。迨趙宋間，濂溪浚其源，伊洛導其流，橫渠助其瀾，龜山揚其波，到朱紫陽，集而大成。（註四一）

認爲朱熹繼承了儒家道統。由於他們如此傾倒於朱子學，以爲此學就是繼承孔、孟之道統者，所以才會有人說出如下的話：

以一心窮造化之妙，正《四書》、《五經》之誤，作《集註》，作《易本義》，流傳儒道正路於天下者莫若朱文公。不以朱子爲宗，非學也。（註四二）

此段文字可謂將朱晦菴捧上了天。

2日本禪林對宋學的銓釋

衆所周知，日本中世禪林大都對儒學有很深的造詣，留下許多不朽業績。以明初至中國的絕海中津言之，僧錄司佐善世道衍爲其詩文集《蕉堅稿》作〈序〉曰：

日本絕海禪師之於詩，亦善鳴者也。壯歲挾囊乘艘，泛滄溟來中國，客于杭之千歲嵒，依全室翁以求道，暇則講乎詩文。故禪師得詩之體裁，清婉峭雅，出於性情之正，雖晉唐休徹之輩，亦弗能過之也。（註四三）

翰林學士宋濂則爲與絕海禪師偕往中國的汝霖良佐之文稿作〈跋〉曰：

日本沙門汝霖，所爲文一卷，予讀之至再。見其出史入經，旁及諸子百家，固已嘉其博贍。至於遣辭，又能舒徐而弗道，豐腴而近雅。（註四四）

日僧對中國詩文的造詣既如此，對宋學的理解又如何？就《周易》而言，虎關師鍊曰：

朱氏《易傳》，乾之九三曰：「九陽爻，三陽位」，重剛不中也。且以〈文言〉九三重剛不中，以爲合義。然於九四重剛不中，則無故而言。九四非重剛，重字疑衍也，甚矣。以己之惑之，而嫌聖人之言，以爲衍也。朱之爲儒，補罅苴漏，鉤深闡微，可以繼周紹孔者也，而未稽之，何耶？（註四五）

此乃批判朱子所解「重剛」爲陽爻陽位爲誤，而以上下二體六位連陽爲重剛；並且又以朱子因經文內容不合自家之說，遂以之爲錯衍，這實不像朱子的作法。景徐周麟則曰：

佛之言性，其體大而無外，天地人物從此出。與《易》有太極而生兩儀、四象、八卦，其旨相合者也。太極則佛所謂性也。但有聞而論之，與見而說之之異也。（註四六）

此雖言《易》之太極與佛性相同，但對佛教所見佛性（見性），則不失其禪僧本來面目，認爲儒教只聞而論之，故禪教較儒教爲優越。（註四七）

值得注意的是五山禪林雖將《易》學應用於弘揚佛法及人事往來方面，曾幾何時又有部分禪僧學習卜筮之術，以《命期經》爲中心的《易》學從京都地區開展，終於以占筮獲戰國大名之聘者漸多，更有跟隨那些武將上戰場，爲及將到來之戰鬥預卜吉凶，或爲建造城堡占卜可否者，如足利學校九世庠主閑室和尚之從德川家康參加關原之戰（一六〇〇），及爲毛利輝元占卜建築萩城，即其顯著例子。

就《詩》言之，某人問虎關師鍊曰：

或曰：「古者言周公惟作〈鴟鴞〉、〈七月〉二詩。孔子不作詩，只刪詩而已。漢、魏以

降，人情浮矯，多作詩矣。爾諸」？（註四八）

答曰：

予曰：「不然。周公二詩者，見于《詩》者耳。竟周公世，豈唯二篇乎？孔子詩雖不見，我知其爲詩人矣。何者？以其刪詩也。方今世人不能作詩者，焉能得刪詩乎？若又不作詩者，假有刪，其編寧足行世乎？今見三百篇，爲萬代詩法，是知仲尼爲詩人也。只其詩不傳世者，恐秦火耶，周公單二，亦秦火也耳，不則何啻二篇而止乎」。（註四九）

虎關所言周公詩之所以僅見兩篇，可能失於秦火，孔子詩之所以不傳，亦可能因秦火所造成，此固爲推測之辭，卻可由此得知他對《詩》有獨特的看法。義堂周信則說：「知周人之志者，《詩》三百也。」（註五〇）亦即他認爲透過《詩》，可察知周代人士的精神傾向。並且又認爲：「凡讀書，先須正心而讀之，《詩》三百，思無邪，是也。」（註五一）

就《尚書》而言，虎關師鍊對〈虞書〉所謂：「罰弗及嗣，賞延于世」爲「至德」；對〈甘誓〉所言：「弗用命，戮于社」，則予批判。某人聞後問曰：「《書經》聖修，子何輕議」？虎關駁之曰：

尊孔道者無若孟軻。軻書曰：「吾於〈武成〉，取二三策而已矣」。又曰：「盡信《書》，則不如無《書》」。（註五二）

玉隱英璵也鑽研《尚書》，他說：

周公新經營洛邑爲朝會之所，乙周道謂之成周，迺作〈洛誥〉曰：「王如弗敢及天基命定命」。蔡子新註：「造基之而成，成之而後定，基命所以成始也，定命所以成終也」。（註五三）

文中所提「蔡子」，應是指南宋理學家九峰先生蔡沈，玉隱所讀《尚書》則是蔡沈的《書集傳》。

日本禪林之研讀《周易》者雖不多，但寄情於《禮記》者則可能更少，即使有「學富五車」之譽的虎關師鍊而言，其《濟北集》也無相關文字。只有一兩位的文集裏有簡短的相關記載。義堂周信曰：

府君又問文王世子、帝夢與九齡事。余略引《禮記》曰：「文王曰：『我百，爾九十，五與爾三焉』。」蓋文王以憂勤損壽也。夢與九齡，蓋是漢儒附會也。昨日萬里小路黃門問余曰：「文王以年與武王，蓋好事者爲之說也」。月舟時在座上，出陳澔新注者，某說合之，漢儒附會驗焉。（註五四）

府君指日本室町幕府第三任將軍足利義滿，萬里小路黃門指公卿萬里小路嗣房，月舟則指臨濟宗和尚月舟周勳而言。由月舟之有南宋末元初人陳澔之《禮記集說》觀之，《禮記》新註在明初已東傳日本。此外，尚有無聞元選據《禮記》〈祭義篇〉以言：「父母形生大本也，順色承顏孝道切」；惟肖得嚴則祖述同一篇什之曾子之言曰：

孝，誠士之大本也。擴焉而充，引而充焉而達，皆其類矣。威以可屈非孝，利以可誘非孝，朋友不擇非孝，道學不修非孝。世之命孝也，以溫清定省碌碌在目下者，蓋一端而已，不亦小乎。（註五五）

日本禪林對《禮記》所表示的關心既然不及其他儒家經典，所留下的業績也自然比不上其他經學領域。

自古以來，日本學術界都非常重視《左傳》，成爲知識階層必讀的教養書。古代公卿貴族們所研讀者固爲孔穎達之《五經正義》，而由紀傳、明經之博士家來講授，然至中世胡安國的《胡文定春秋解》四册東傳以後，研究宋儒新註的風氣便逐漸興盛起來。虎關師錬對《春秋》的看法是：

文之嚴也莫踰《春秋》矣，不熟《春秋》而曰文者非也。……嗚呼聖人於文也，何其精到此乎？然《詩》、《書》者此等之文寡矣，《易》、《春秋》者甚多，學者不可苟讀矣。（註五六）

由此當可窺見其尊崇《春秋》之端倪。至於《左傳》，他的看法是：

《春秋左氏傳》，文辭富贍，爲學者所重。而其法律不嚴，往往作議者在焉，我於晉事見之矣。（註五七）

亦即他認爲《左傳》記事的嚴密度不如《春秋》，而以有關晉國的記載作證，以表示其獨到的見

解。義堂周信則認爲《左傳》係「先王大法，褒貶爲例，知我，罪我者也。」（註五八）

《四書》爲儒家人生哲學之大全，教人以窮理，正心、修己、治事之道。《中庸》提出性——良知、良能，《大學》標出明德——欲與情之調節。率性之道，則可以明德。（註五九）日僧對《大學》的看法是：

《大學》乃《四書》之一，唐人學《四書》者，先讀《大學》。意者，治國家者，先明德、正心、誠意、修身，是最緊要也。敢請殿下《四書》之學弗殆，則天下不待令而治矣。（註六〇）

並且認爲「《大學》、《中庸》最爲治世之書。」（註六一）「要正家國，先宜正身，要正身，先宜正心。」（註六二）曾負笈中國的雪村友梅則說：

天下無二道，聖人無兩心。心也者，周乎萬物而不偏，卓乎三才而不倚，可謂大公之言，中正之道也。竺土大仙證此心而成道，魯國先儒言此道而修身，以至治國、平天下、致知、格物之理。（註六三）

此言道在證悟心，心證悟則道成。其所言修身、治國、平天下、致知、格物，俱爲八條目之語，亦即他把《大學》之明明德與禪之見性結合在一起。

日本禪林之鑽研《中庸》者頗不乏人，其研究成果也頗有足觀者。他們的論述雖多祖述宋儒之意，然其身爲外國人而有此成就，其所下功夫自不難想像。他們將「中」把握爲《中庸》所謂：「中也者天下之大本也」之意，且將其視為與佛教之妙心同義，認為心即中，中即心，而仁義禮樂等萬德萬行皆歸於中，（註六四），故中為支配宇宙人生的最高原理，有如宇宙的大生命。（註六五）

《中庸》說：「天命之謂性，率性之謂道。」朱子所謂性質，乃根據〈樂記〉與《中庸》而以性為體，以情為用，本然之性至善而其情亦至善，由於氣質之善惡相混，故其情亦善惡相混。中巖圓月則認為性是超越的絕對的東西，既然情有善惡，善為正，惡為邪，則應節抑情，使之不向邪惡，以復靈明沖虛之本性。（註六六）

《論語》一書不僅被日域人士視為儒教之根本經典而予以重視，也被作為一般有教養人士的必讀之書，在禪林，其情形亦復如此。所以他們在說法，製作法語、偈頌時引用此書者頗多。例如：當鎌倉幕府執權（職稱）北條時賴向蘭溪道隆請教為政之道時，蘭溪即引〈顏淵篇〉「政者正也」之語曰：

政者正也，所以正文物也，文物不正則世不治，故古聖賢先正人文而以治國矣。（註六七）

對《論語》重點的仁，季弘大叔的見解是：

仁也者何？人心也。濂洛諸君子以仁義禮智為人之性，前人未發之鐍鍵也。紫陽朱夫子之言曰：「仁者愛之理，心之德。」斯言盡矣。（註六八）

不用說這是祖述朱子之言者。對忠恕兩字，仁如集堯的看法是：

> 子曰：「參乎，吾道一以貫之」。曾子曰：「唯」。門人問曰：「何謂也」？曾子曰：「夫子之道，忠恕而已矣」。解其義者，古今繁多也，……忠者本乎心，恕者推己及物，一貫之謂也。一是太極，貫是萬物，天地陰陽，四時五行，森羅萬象，不出忠恕二字也。儒道極則，聖賢傳授之妙理，在一貫之上。（註六九）

這段有關忠恕、一貫的解釋，也是根據程、朱之註而發之之言。

至於《孟子》，它雖因含有易世革命思想而爲古代日域人士所疎遠，但隨著《四書》中心主義的宋學經由禪僧東傳而逐漸傳布以後，尊崇《孟子》的風氣也昂揚起來。因此不僅花園上皇讀它（註七〇），蘭溪道隆也在常樂寺舉辦浴佛上堂之際，引《孟子》〈公孫丑篇〉所見「浩然之氣」來弘揚禪法。（註七一）夢巖祖應則於讀此書後，認爲「孔子之後有孟子，先儒之言不誣矣。」（註七二）而贊同宋儒的孟子正統論，又說如無孟子，「千載因何挑日星」（註七三）而稱讚不已。

以上係從日本中世禪林的衆多著述裏摭拾有關《四書》、《五經》的文字，以通觀他們研究儒學情形之一端。値得注意的是他們用以研究的版本與博士家之傳統的漢唐訓詁之學有異，而從儒學一致的立場傾向於宋儒新註，並且批閱許多宋儒與其系統的相關著作。桃源瑞仙云：

> 至宋朝周茂叔、二程先生以下及晦菴，繼絕世，性學明，漢、唐諸儒未發之妙，集而大成者也。於是朱夫子採先儒之注解，《易》有《本義》、《啓蒙》二書，《詩》有《集

傳》，《春秋》有《集註》。《尚書》則弟子蔡沈多述舊聞作《集傳》，本受先生之命述者也。二〈典〉、〈禹謨〉者先生蓋嘗是正，手澤尚新云。《禮記》者陳澔作《集說》，陳澔先君師事雙峰先生十有四年，所得於師門講論謨多，中罹煨燼，隻字不肖。孤僭心自量會，萃衍繹，而附以臆見之言，名曰《禮記集說》。《周禮》者未可詳考。其後，諸儒又集注解而《六經》各出《大全》。又，文公特抽《禮記》〈大學〉、〈中庸〉二篇，加以《論》、《孟》，稱爲《四書》，而以《大學》、《中庸》、《論語》、《孟子》爲序，作《四書集註》。後有倪士毅《集釋》，王元善《通考》，程復心《章圖》問世，近日則又有《四書大全》，不可枚舉矣。（註七四）

可證。日本初期禪僧的儒書研究，主要爲便於教化世俗而爲，然隨著歲月的流逝，其爲禪僧之基本立場卻逐漸被遺忘，致爲研究儒書而研究、註釋儒書，（註七五）忘了身爲禪僧的本分，這是朱子學東傳之初始料未及的。

四、禪林儒學對日本的影響

日本自武士興起，掌握政權（一一八五），王朝政治式微以後，公卿們對儒學的修養劇降，反而由禪僧執儒學及漢文學之牛耳，開出以鎌倉、京都五山，尤其以京都五山爲中心的五山文學之花果。這種情形，實因日本禪林曾致力模仿中國禪林，並大量輸入中國圖書，孜孜矻矻地研究中國詩文，同時又有蘭溪道隆、一山一寧等文學修養極佳的高僧赴日，而扶桑三島的禪僧又深受華僧之影響，不完全反對學外典，故從禪宗東傳（一二九一）以後至其南北朝時代（一三三六～一三九二），便前有虎關師錬、雪村友梅、中巖圓月；後有夢窗疎石、義堂周信、絕海中津等傑出僧侶出現，使日本的儒學、漢文學研究呈現空前的高潮。（註七六）

發達於中世禪林的儒學，不僅具有日本中世文化的重要內容，而且在彼邦儒學史上也居於劃時代的地位。更由於它對公卿社會及後世造成巨大影響，故其歷史意義非常深遠。

1對公卿階層的影響

自古以來由公卿社會，尤其以儒學爲世襲家職的博士家之儒學，無不根據馬融、鄭玄、何晏、皇侃、孔安國等人的註疏，亦即以所謂古註來講授。而清原、菅原、大江等博士之家的儒學，至平安時代（七九四～一一八五）末期已各自形成家說而秘傳化，不將其學傳給第三者，因此自由、獨創的研究受阻，導致形式化、僵化而了無生氣。（註七七）當此之時，禪僧們從大陸輸入了新儒學，並在各種契機的支持下興隆、普及起來。

當新儒學盛行以後，在保守的公卿之間也逐漸從事朱子新註書的研究。例如花園上皇與皇太子量仁親王的〈誡太子書〉裏批評墨守漢唐古註的保守派說：「近世以來，愚儒之庸才所學，則守仁義之名，未知儒教之本，勞而無功。」（註七八）花園雖如此說，新註流行之際卻有守舊派——墨守古註者反對。如據《花園院宸記》元應元年（一三一九）九月六日，及元亨二年（一三二二）二月二十七日條的記載，當時反對新註最力者爲平惟繼、坊城國房等參議官，及藤原忠範等學者。因此中巖圓月方纔對忠範說出：「學尙漢唐不言今，奮然欲救伊洛弊」（註七九）的話。

在日本歷任天皇裏，花園可謂爲碩學之士，其侍講雖爲日野種範、菅原在兼兩位博士，但他們俱屬專研古註的訓詁之儒，故其朱子學可能學自禪僧或釋玄慧法印。（註八〇）由於他兼習新、舊兩註，所以在解釋經典時折衷新、舊兩說，談儒教教義時則根據朱子學立論。曰：

> 夫學之爲用，豈唯多識文字，博記古事而已哉。所以達本性，修道義，識禮義，辨變通，知往鑒來也。而近年學者之弊雖多，大抵在二患：其一者，中古以來，以強識博聞爲學之本意，未知大中本性之道。而適有好學之儔，希聖人之道者□。雖知古昔以來，帝王之政，變革之風，猶疎達性修情之義。此人則在朝任用之時，能雖練習教化，猶於己行跡或有違道之者。何況末學之輩，只慕博學之名，以讀書之多少爲優劣之分，未曾通一之義理，於政道無要，於行跡有過。又其以風月文章爲宗，不知義理之所在，是不足備朝臣之員，只是□冷（素餐？）尸祿之類也。此三者雖有差異，皆是好博學之失也，今所不取也。二者欲明大中之道，盡天性之義，不好博學，不宗風月，只以聖人之道爲己之學。是則所本在王佐之才，所學明德之道也。既軼近古之學，有君子之風，學之所趣，以此爲本。（註八一）

文中所謂：「其達本性，修道義」、「大中本性之道」、「達性修情」、「義理」、「明德之道」云云，都是朱子學裏的話，可見他對朱子學有相當造詣。他贊《論語》曰：

《論語》每句有甚深重深重義，明珠蘊含六合之譬誠哉。只恨末代學者知其一，不辨妙理涉萬端而已，云云。此書爲聖人之言，仍每章有無邊之深義，淺見者淺得之，深見者亦深識義理，不得體道，孰盡其義理乎。（註八二）

由於《中庸》言大中之道，故亦爲其所喜讀，因而合《論語》之語以論道之不可離曰：

夫道不可須臾離，可離非道，云云。又曰道猶户，誰不由户出？道之爲體，詐人不依之乎？以禍福不可論之，若論之以禍福者，不志道之人也。（註八三）

他對《孟子》的看法是：

此間見《孟子》云云，其旨誠美。仲尼之道，委見於此書歟。盡人之心性，明道之精微，不可如此書。可畏後生，必可翫此文者歟。（註八四）

花園上皇既讀宋儒新註書，繼位的後醍醐天皇及其侍從們之浸淫此一領域的學問，自屬必然，而此事亦可由花園的日記所批判近日宮中之學風：「其意涉佛教，其詞似禪家，……是宋朝之義也。」（註八五）得知其梗概。後醍醐的重臣萬里小路宣房也對朱子學頗有造詣，他向後醍醐提出革新政治的建議曰：

誠者，天之道也，自誠而明曰聖，自明而誠曰賢。誠外無他，代代制符無其實無益歟？今年一部（註八六）之終也，明年辛酉當革命。殊施德化，可被攘其災歟？（註八七）

此係引《中庸》來論述爲政之道。由於上自天皇，下至臣子，都對朱子學有相當理解，則此學對當時實施的新政——建武新政必有相當程度的影響。

值得注意的是公卿儒者與禪僧的交往，例如：中巖圓月與古註派藤原忠範「相忘爾汝」（註八八）的深交，室町中期公卿儒者之第一人博士家清原業忠與瑞溪周鳳之間「彼問佛教，我問儒教」的親近關係等，禪僧反而要向公卿請教儒學問題。就此一時期最孚盛名的學者一條兼良而言，他在其註釋書《日本書紀纂疏》對儒書所作解釋是：

中者，道之極也。《中論》曰：「因緣所生法，我說即是空」。亦爲假名，亦爲中道義。《尚書》曰：「人心惟危，道心惟微，惟精惟一，允執厥中」。朱熹謂：「中者，不偏不倚，無過不及之名也」。故二教之所宗，神道之所本，唯中而已。（註八九）

其《四書童子訓》〈大學童子訓〉對「敬」字所作解釋則爲：

朱子守敬之一字曰工夫成。此敬之一字，度大學小學，爲治一心之公案。敬者愼之義也。曲禮之首曰莫不敬。禮者雖言有三百三十條目，可以敬之一字治之。萬事因疏忽而有誤，如有敬心，則其所爲皆合乎理。……敬之一字，誠聖學始終之要道也，學者思之思之。

此乃將朱子所爲居敬窮理的解釋，作平易的說明者。由此可知，公卿社會的儒學在十五世紀中葉已傾向於宋學，完全根據宋儒新註來立說。在此情形之下，其他公卿學者之會受其影響，自不待言。

2對近世儒學的影響

前文已說，日本中世的漢文學與前一時代的注重訓詁，多作駢儷，模仿六一居士之詩風者不同，乃排斥漢唐訓詁之學，接受宋代性理之學；文以韓愈、柳宗元爲宗，詩則以蘇軾、黃庭堅爲範，間亦出入中、晚唐詩文之間。因此，宋人黃堅編輯的《古文眞寶》，與周弼編輯的《三體詩》成爲初學者必讀流行之書。然至室町中期以後，其文運卻逐漸僵化而無生氣。迄至安土桃山時代（一五七四～一六〇二），便完全陷於停滯狀態。（註九〇）

在江戶時代（一六〇三～一八六七）初期，雖仍保留前一時代的遺風，但當藤原惺窩出，遂奠定日本近世儒學之基礎，從而造成彼邦研究儒學的另一個高峰。藤原名肅，字斂夫，惺窩其號。生於播磨國（兵庫縣）細川莊冷泉家，以俊秀見稱。七八歲時從同國龍野景雲寺之東明宗昊與文鳳宗韶學禪。（註九一）年十八，轉往京都相國寺。初時學佛經，後讀宋儒之書，遂不慊佛教之絕仁種，滅義理，乃還俗歸儒。且爲更鑽研，於一五九三年（明神宗萬曆二十一年，文祿二年）啓程前往中國。途中，避風濤於薩摩（鹿兒島縣）山川港，偶得桂菴玄樹之「和點」儒家經典而歸，遂提倡朱子學說。桂菴曾於一四六〇年（明英宗天順四年，寬正元年），以居座（註九二）身分至中國朝貢。正使天與清啓一行東返時，他卻仍留在中國達七年之久。回國後，應島津忠昌之聘，在薩摩講學，遂成爲朱子學東傳之支流——薩南學派。（註九三）

藤原獲桂菴訓讀之經書後，不只接受晦菴個人的學說，也同時容納陸象山、王陽明等人的思想。其門下有林羅山、那波活所等俊秀，他們將原為禪僧所擅長的儒學繼承下來，開展近世文運的先聲。

如據〈相國寺塔頭末派略記并歷代〉的記載，藤原之學問師承華僧一山一寧，其法系如下：

一山一寧
- 雲溪支山（玉龍庵）─啓宗承祖─九峰宗成
  - 元之宗朝─文鳳宗韶
  - 東明宗昊
- 太清宗渭（雲頂院）…………仁恕集堯

一山的學問造詣，前文已言及，雲溪則因《中庸》而自號「率性」的僧侶，東明的生平雖不詳，文鳳卻是師事仁恕的禪師。仁恕乃通曉程、朱之學的，日本戰國時代（一四六七～一五六七）的名衲，亦即藤原自幼師事對朱子學有造詣的名僧，除從事禪僧應有的修行外，也接受《四書》等的啓蒙教育，然後到禪林文學淵藪之一的相國寺，這當是使他立志鑽研朱子學的重要機緣。（註九四）藤原在相國寺學儒的情形雖不詳，但在禪林儒學興隆的環境裏過一段日子後還俗，奠定日本近世儒學的基礎。

藤原的弟子以林羅山最為傑出，他博覽強記，日本程朱之學經他以後，遂奠定屹立不可動搖的基礎。（註九五）林名忠，又名信勝，法號道春，又號羅浮子。京都人。初為京都建仁寺僧，有志研究朱子學。還俗後，十八歲時即在京都講授朱子學，二十二歲入藤原之門。藤原見其態度懇切，稱他林秀才，遂傾囊相授。林二十四歲時（萬曆三十四年，慶長十一年，一六〇六），經藤原推薦擔任幕府儒官。之後他極力排佛，駁老、莊，斥陸、王，難耶穌教，力謀朱子學之振興。出身京都五山而竟排佛，崇朱子之學，此與虎關師錬之譏「朱子非醇儒」（註九六），相差何啻霄壤？然因他過分忠於朱子之學，故其說有時難免陷於褊狹，發生矛盾。其子孫世爲幕府儒官，負責江戶幕府二百六十餘年的文教工作。江戶幕府之所以將朱子學立爲官學，並非其創建者德川家康等人特別尊崇朱子學，乃由於朱子君君、臣臣、父父、子子的倫理思想適合其幕藩體制（註九七）所致。惟其如此，幕府曾於古義學、古文辭學、陽明學、折衷學派之學盛行，朱子學逐漸式微的寬政年間（清乾隆五十四年，一七八九～嘉慶六年，一八〇一），爲加強封建教學而發布「異學之禁」。並且將林家講學的湯島聖堂作爲官學而改稱昌平黌，以朱子學爲舉辦登用官吏考試時的命題範圍。因此，當時雖未禁止朱子學以外的各學派的學術活動，而僅將他們視爲異端，各藩校也以此爲契機改授朱子學，獲得與禁止同樣的效果。雖然如此，其在民間的古學派之伊藤仁齋（京都。古義學──堀川學派）與荻生徂徠（江戶。古文辭學──蘐園學派）的學風仍風靡天下。其中長於詩文的荻生對李攀龍、王世貞的古文辭學發生共鳴，乃以晦菴不知古文辭，所以不通《六經》，以今文見古文，何能闡明先王之教，遂鼓吹文宗秦、漢，詩法唐人，而引起日本漢文學的一大革新。其門下的服部南郭且將李攀龍的《唐詩選》加以校刊，致力使之普及。於是它取代前此《三體詩》之地位而流行至十八世紀末。

迄至十九世紀的文化、文政年間（嘉慶九年～道光十年，一八〇四～一八三〇），日本漢文學又有了新風尚，亦即因市河寬齋、大窪詩佛、菊地五山等詩人出，鼓吹南宋詩，遂開宋詩流行之機運。文章方面則唐宋八大家之文上場，取代李、王之古文辭。之後，直到清朝桐城派古文之東傳爲止，唯流行八大家之文。（註九八）

在此附帶一提的是，當時的日本儒學界，除朱子學、古學派外，尚有以中江藤樹爲中心的陽明學派，及綜合各學派之說的折衷學派。陽明學派祖述王守仁的知行合一，主張注重德行，也是當時在野學術的一股宏流。

儒學的派別：

1正學（官學）

朱子學，宋人朱熹探究人之本性的學問（日本近世學術之源流）

(1)京學派：藤原惺窩—林羅山—林鳳岡—柴野栗山

藤原惺窩—木下順庵—新井白石—三浦梅園

(2)南學派：谷時中—山崎闇齋（垂加神道）

＊朱子學之別支有朱舜水（水戶學）、貝原益軒（以《養生訓》著稱）。

2異學

對朱子學持批判態度的學派（不時受幕府壓制）

⑴古學派：主張直接接觸孔、孟之書以回歸儒教本來面目。主要人物為《聖教要錄》三卷之作者山崎闇齋。

①堀川學派（京都）：伊藤仁齋（古義學）。

②蘐園學派（江戶）：荻生徂徠（古文辭學）。

⑵陽明學派：主張明人王陽明知行合一學說（近世在野派之儒學）。

中江藤樹（近江）——熊野蕃山（仕岡山藩）。（註九九）

五、結　語

日本自從武士崛起，公卿失其政權而文化顯著式微，一切學問都成為師承的，世襲的，各學閥互相傾軋、排斥，致學術研究了無生趣。官職世襲之風雖從平安時代中期開始，但其學術方面，如儒學諸道的博士，歌道、書道各方面，亦為少數流派所獨佔而如非屬某一流派，則無論具備如何高超的學識也無法升遷。在此情形之下代之而起的，就是以五山禪僧為中心的禪林儒學。因佛教經典都是以漢文書寫，所以漢學便成為僧侶必修的課程，而自古以來即修習漢唐訓詁之學以助其對經典之理解和銓釋。然自禪宗東傳日本以後，隨著禪宗之興隆，大家對宋元文化的鍾愛，便處處呈現著儒學復興之機運。不過此一時期的儒學，並非復歸於漢唐訓詁之學，乃是欲探討宋人程、朱等人所倡性理之學。宋代禪僧不僅學性理之學，也還採用朱熹新註之精神而倡儒禪一致說。這種風尚在禪宗東傳之際同時傳到日本。

當禪林儒學盛行以後，在公卿之間亦風行朱子新註之研究，地方儒學也受其影響而盛行此一方面的鑽研，例如桂菴玄樹應島津氏之聘至薩摩弘揚朱子學，遂開薩南學派；南村梅軒前往土佐（高知縣）倡導朱子學，成爲南學派始祖；及關東管領（職稱）上杉憲實在下野（栃木縣）重整足利學校，以振興儒學等。

迄至江戶時代，日本儒學的內容已從中國學術獨立，亦即不完全祖述宋儒之說，而其本質亦從前此學術、宗教、文學混合狀態中建立獨自的領域。自十七世紀八十年代至十八世紀三十年代爲近世儒學最隆盛的時代，林鳳岡、新井白石、荻生徂徠、室鳩巢等鴻儒相繼參與幕府政治，民間則有貝原益軒等教化廣被者。另一方面則有如伊藤仁齋之在野豎起反對官學之旗幟，完全壓倒一向在京都、大阪一帶有勢力的山崎闇齋。此一事實成爲刺激而在江戶興起荻生徂徠的古文辭學派，主張直接接觸孔孟之書以回歸儒教本來面目。徂徠學之弊在於重學問、才藝而後德行，且又好攻擊其他學派，故室鳩巢等人以朱子學立場予以抨擊。並且又有以五井特軒、蘭州、中井竹山、履軒等人以大阪懷德堂爲中心的反徂徠學，故學術界乃傾向陰險之風而充滿頹廢之勢。當此之時，紀州藩（和歌山縣）儒官榊原篁州、良野華陰等人爲挽狂瀾，倡折衷諸學派而樹一家之說，至井上蘭臺、金峨時大爲風行。

一七九〇年（乾隆五十五年，寬政二年），老中（職稱）松平定信爲振興朱子學，通知大學頭林信敬，於江戶昌平黌定朱子學爲官學，朱子學以外之所謂異學不得參加幕府舉辦的考試。此一禁令頒布以後，因株守程、朱之說而不許立異說，故拘束思想自由而有礙學術之發展，將人民驅入一定規矩使養成曲謹之風，致消磨壯志而妨礙人材之成就。宣揚朱子學的結果，培養了重名分，尚氣節之風，促使尊皇思想的發達，開王政維新之基，此為松平始料所不及，也是禪林東傳所未曾思考的論題。

註釋：

註一：多賀宗隼，〈御家人の統制と教育〉，《圖說日本文化の歷史》，五（東京，小學館，昭和五十四年十一月），頁一九一。

註二：保元之亂，一一五六年，因皇位繼承問題，及藤原氏內部爭奪關白職位問題糾結在一起而引起的動亂。

註三：承久之亂，一二二一年，日本朝廷企圖打倒鎌倉幕府，恢復公卿勢力，而以後鳥羽上皇為中心發起的軍事行動。結果，幕府獲勝，公卿勢力急速式微。

註四：足利衍述，《鎌倉室町時代之儒教》（東京，有明書房，昭和四十五年五月，影印版），頁三二～三三。

註五：同前註。

註六：足利衍述，前舉書頁三三～三四。

註　七：足利衍述，前舉書頁三四～三五。

註　八：足利衍述，前舉書頁三八。

註　九：癡絕道沖，《癡絕和尚語錄》，卷下，〈示至明維那〉。

註一〇：癡絕道沖，前舉書，卷上，〈示懶庵居士〉。

註一一：北磵居簡，《北磵外集》〈儒釋合〉。

註一二：兀庵普寧，《兀庵禪師語錄》，卷上。

註一三：大休正念，〈三教圖贊〉之一。

註一四：大休正念，〈三教圖贊〉之二。

註一五：足利衍述，前舉書頁五九。

註一六：無學祖元，《佛光禪師語錄》，卷七，〈示慧蓮道人〉。

註一七：無學道元，前註所舉書，同卷，〈答太守問道法語〉。

註一八：無學道元，前註所舉書，同卷，〈偈糟屋三郎衛門〉。

註一九：陳式銳，《唯人哲學》（廈門，立人書報社，民國三十八年一月），頁九。

註二〇：一山一寧，《一山國師語錄》，卷下。

註二一：一山一寧，前舉書，卷上。

註二二：足利衍述，前舉書頁六八。

註二三：玉村竹二，〈教團史的に見たる宋元禪林の成立〉，《墨蹟資料集》（美術研究資料）附册。

註二四：鄭樑生，《元明時代東傳日本的文獻——以日本禪僧爲中心》（臺北，文史哲出版社，民國七十三年八月），頁二七～二八。

註二五：同註二三。

註二六：鄭樑生，前舉書頁二八。

註二七：請參看《蕉堅稿》〈序〉。

註二八：鄭樑生，前舉書頁二九。

註二九：《普門院經論章疏語錄儒書等目錄》書爲唐。朱震、薛季宣、汪革三人都是程子的再傳弟子，他們均著有《論語直解》。如據足利衍述的研究，朱震所註書見於趙希辨之〈跋〉，及《郡齋讀書志》〈附志〉。因上舉《目錄》書爲唐，故可能爲朱震所註書。

註三〇：《普們院經論章疏語錄儒書等目錄》作《五先生語錄》，王應麟《小學紺珠》謂：「周茂叔、程明道、程伊川、張横渠、朱晦菴稱五先生」。

註三一：芳賀幸四郎，《中世禪林の學問および文學に關する研究》（京都，思文閣，昭和五十六年十月），頁五一。

註三二：蘭溪道隆，《大覺禪師語錄》，卷中，〈建長寺小參〉。

註三三：虎關師鍊，《濟北集》，卷一〇，〈一山國師行狀〉。

註三四：義堂周信，《空華日用工夫略集》，應安四年（一三七一）六月六日條。

註三五：前註所舉書，永德元年（一三八一）九月二十二日條。

註三六：前註所舉書，永德元年（一三八一）九月二十五日條。

註三七：文之玄昌，《南浦文集》〈與恭畏阿闍梨書〉。

註三八：桃源瑞仙，《雲桃抄》〈報本章〉。

註三九：翱之慧鳳，《竹居清事》〈晦菴序〉。

註四〇：季弘大叔，《蔗菴遺稿》，及《蔗軒日錄》文明十七年（一四八五）九月二十六日條。

註四一：桂林德昌，《桂林錄》〈除夜小參〉。

註四二：咲雲清三，《古文眞寶抄》，前集，〈朱文公勸學文〉。

註四三：伊藤松貞一，《鄰交徵書》，二篇，卷一，〈詩文部·明〉。

註四四：同前註書同篇同卷同部〈跋日本僧汝霖文稿後〉。

註四五：虎關師鍊，《濟北集》，卷一九，通衡之四〈辨朱文公《易傳》重剛說〉。請參看拙著〈日僧虎關師鍊的華學研究〉，見鄭著《中日關係史研究論集》，六（臺北，文史哲出版社，民國八十五年二月），頁九三～一四八。

註四六：景徐周麟，《翰林胡蘆集》，卷八，〈柏春字說〉。

註四七：芳賀幸四郎，前舉書頁八三。有關日僧研究《易經》的問題，請參看拙著〈日本五山禪林的《易經》

研究〉，見鄭著《中日關係史研究論集》，九（臺北，文史哲出版社，民國八十八年三月），頁三五～七八。

註四八：虎關師鍊，《濟北集》，卷一一，〈詩話〉。

註四九：同前註。

註五〇：義堂周信，《空華集》，第十三，〈《古標唱和詩集》後序〉。

註五一：義堂周信，前註所舉書，第十六，〈大圭說〉；《空華日用工夫略集》，應安四年（一三七一）九月二日條。

註五二：虎關師鍊，《濟北集》，卷一九，通衡之四。

註五三：玉隱英璵，《玉隱語錄》〈成周說〉。

註五四：義堂周信，《空華日用工夫略集》，永德元年（一三八一）十二月十七日條。

註五五：惟肖得巖，《東海璚華集》〈瞻雲軒序〉。

註五六：同註三五。

註五七：同前註。

註五八：義堂周信，《空華日用工夫略集》，永德元年（一三八一）十二月三日條。

註五九：陳式銳，《唯人哲學》（廈門，立人書報社，民國三十八年一月），頁一。

註六〇：義堂周信，《空華日用工夫略集》，永德元年（一三八一）十二月二日條。

註六一：義堂周信，前註所舉書，同年同月二十七日條。

註六二：義堂周信，前註所舉書，同年十一月十日條。

註六三：雪村友梅，《岷峨集》，卷上，〈三條殿頌軸序〉。有關五山禪林研究《大學》的情形，請參看拙著〈日本五山禪僧對宋元理學的理解及其發展——以《大學》爲例〉，見鄭著《中日關係史研究論集》，三（臺北，文史哲出版社，民國八十六年二月），頁五三～九〇。

註六四：義堂周信，《空華集》，第十六，〈惟忠說〉。

註六五：仲芳圓伊，《懶室漫稿》〈安中字說〉。

註六六：中巖圓月，《中正子》〈方圓論〉。有關五山禪林研究《論語》的情形，請參看拙著〈日本五山禪僧的「仁義」論〉，見鄭著《中日關係史研究論集》，四（臺北，文史哲出版社，民國八十三年三月），頁六七～一〇四；〈日本五山禪僧之《論語》研究及其發展〉，見鄭著《中日關係史研究論集》，六，頁一～二八。

註六七：蘭溪道隆，《大覺禪師語錄》，卷中，〈人字說法〉。

註六八：季弘大叔，《蔗菴遺稿》〈東明說〉。

註六九：仁如集堯，《流水集》，卷下，〈一之齋說〉。有關五山禪僧研究《孟子》的情形，請參看拙著〈日本五山禪僧之《孟子》研究〉，見鄭著《中日關係史研究論集》，六，頁二九～六二。

註七〇：花園天皇，《花園天皇宸記》，元亨元年（一三二一）三月二十四日條。

註七一：蘭溪道隆，《大覺禪師語錄》，卷上，〈常樂寺語錄〉。
註七二：夢嚴祖應，《夢嚴和尚語錄》〈贊孟子〉。
註七三：夢嚴祖應，《旱霖集》，〈雜著・瞽叟殺人論〉。
註七四：桃源瑞仙，《史記抄》〈儒林傳〉第六十一。
註七五：芳賀幸四郎，《中世禪林の學問および文學に關する研究》，頁一三九。
註七六：鄭樑生，《元明時代東傳日本的文獻——以日本禪僧爲中心》，頁一二九。
註七七：芳賀幸四郎，前舉書，頁一三九。
註七八：花園天皇，《花園天皇宸記》〈學道之記〉。
註七九：中巖圓月，《東海一漚集》，卷一，〈寄藤刑部〉。
註八〇：足利衍述，《鎌倉室町時代之儒教》，頁一五五。
註八一：同註六一。
註八二：花園天皇，前舉書，正中元年（一三二四）四月二日條。
註八三：前註所舉書，元應元年（一三一九）十月二十六日條。
註八四：前註所舉書，同年三月二十四日條。
註八五：前註所舉書，元亨二年（一三二二）七月二十七日條。
註八六：蔀，古代曆法名。中國古代的曆法揉合太陽、月亮的軌道計算，以晝夜爲一日，大月六次各三十天，小月六次各二十九天，共三百五十四天，較地球繞太陽一年三六五・三五四天少十一・二五天，故每十九年共增七個閏月，即11.25日×19＝30日×7。十九年叫一章，四章稱一部，二十部爲一紀，三紀謂一元。以冬至與月朔（冬至爲一年之始，初一爲一月之始）同一日爲章首（每十九年，冬至與月朔有一次同一天），以冬至在朔日之首（夜半）爲蔀首（每七十六年即四章，冬至、朔日夜半有一次同時）。見《後漢書》〈律曆志〉，下。

註八七：萬里小路宣房，《萬一記》，元應二年（一三二〇）五月十四日條。

註八八：中巖圓月，《東海一漚集》，卷一，〈寄藤刑部忠範〉云：「昨日訪我過談齋，相忘爾汝論文細：學尙漢唐不言今，奮然欲救伊洛弊」。

註八九：一條兼良，《日本書紀纂疏》，卷上。

註九〇：鄭樑生，《元明時代東傳日本的文獻——以日本禪僧爲中心》，頁一二九～一三〇。

註九一：〈惺窩先生行狀〉。

註九二：居座，明代日本朝貢使節團幹部的職稱，地位相當於船長。

註九三：註七三所舉書，頁一三六。

註九四：芳賀幸四郎，前舉書頁一五二～一五三。

註九五：永井一孝，《江戶文學史》（東京，文獻書院，昭和四年四月），頁一九。

註九六：虎關師錬，《濟北集》，卷二〇，通衡之五篇末云：「《晦菴語錄》云：『釋氏只四十二章經，是他古書，其餘皆中國文士潤色成之。《維摩經》亦南北朝時作』。朱氏當晚宋稱巨儒，故《語錄》中品藻百家，乖理者多矣，釋門尤甚。諸經文士潤色者，事是而理非也，蓋朱氏不學佛之過也。夫譯經者十師成之，十師之中潤文者時之名儒，奉詔加焉者多有之矣，宋之謝靈運，唐之孟簡等也。文士潤色實爾。然而漢文也，非竺理矣。朱氏議我而不知譯事也。又《維摩經》，南北朝時作者不學之過也。蓋佛經西來，皆先上奏，然後奉敕譯之，豈閑窗隱几僞述之謂乎？貝葉梵字不類漢書，故十師中有譯語，有度語，漢人之謬妄，不可納矣。是朱氏不委佛教，妄加誣毀，不充一笑。又云《傳燈錄》極陋，蓋朱氏之極陋者，文詞耳，其理者非朱氏之可下喙處。凡書者其文雖陋，其理自見。朱氏只見文字不通義理，而言佛祖妙旨爲極陋者，實可憐愍。夫《傳燈》之中，文詞之卑冗也，年代之錯違者，吾皆不取。然佛祖奧旨，禪家要妙，捨《傳燈》猶可言乎？朱氏不辨，漫加品藻，百世之笑端乎。我又尤責朱氏之賣儒名而議吾焉。《大惠年譜》〈序〉云：『朱氏赴擧入京，篋中只有《大惠語錄》一部，又無他書』。故知朱氏剽大惠機辨，而助儒之體勢耳。不然，百家中獨特妙喜語邪明，是王朗得《論衡》之謂也。朱氏已宗妙喜，却毀《傳燈》，何哉？因此而言，朱氏非醇儒矣」。

註九七：江戶幕府的組織在第三任將軍德川家光時已確定。幕府將全國三千萬石貢賦的約四分之一——七百萬石之土地作爲直轄地，並控制全國各重要都市、港灣、礦山，獨佔貨幣鑄造權，且擁有號稱八萬騎的旗本——直屬部隊，實現了富國強兵的目的，從而實施其強權政治。諸藩雖有某種程度的自治權，卻不許有逸出幕府統治、統制之行爲。這種以幕府爲頂點，以藩爲底的，對土地、人民的強烈統制政治形態叫做幕藩體制。

註九八：鄭樑生，註九一所舉書，頁一三八。

註九九：鄭樑生，《日本通史》（臺北，明文書局，民國八十二年十二月），頁三〇八～三〇九。

朝鮮東學黨之亂爆發後日本陸軍之動態

一、前言

朝鮮自甲申事變（一八八四）以後十年間的內政，其腐敗惡濁已達極點，當時民衆的生活雖已陷於水深火熱之中而呼號輾轉，卻托命無所，危機四伏，然其政府當局不僅仍在作威作福，而且耽溺於酒池肉林。更有進者，官員貪黷無厭，竭澤而漁，甚至巫卜妖賤，廣張淫祀。世道旣衰，人心沉淪。加之，外患連年，官吏不思振弊起衰，反而徇私，自爲身謀；爭權奪利，顚倒是非。偶有言及時弊者，必遭極刑。（註一）職此之故，士大夫以言爲戒；朋友相聚，輒以圍棋賭博，酒酣諧謔，無人敢論事涉及當道者。人心已死，社稷危如累卵。

當此之時，從其南部之古阜地方，以「掃破倭洋」、「除暴救民」爲口號之一群民衆揭竿而起，對其各地組織下令響應，並以「斥倭洋倡義」爲其旗幟，展開有組織的反抗政府運動。朝鮮當局對此一變亂束手無策，乃請宗主國清朝遣軍協助平亂。此舉竟使一向對朝鮮虎視眈眈的日本藉機出動大軍。日軍抵朝鮮時，內亂雖已被敉平，日本政府竟以改革朝鮮內政爲藉口，非但不肯撤兵，其軍部仍積極備戰，而且藉機突襲中國船艦，終於引發中、日甲午之戰。

本文擬就朝鮮發生東學黨之亂以後，至日本對中國宣戰爲止，約五個半月時間（光緒二十年一月十日起，至同年七月一日止），日本陸軍的備戰動態作一番考察，以瞭解該軍國主義者猙獰面目之一端。

二、東學黨之亂與中國之遣軍

當朝鮮民衆面臨絕望之深淵時，有謂「東學」的民間宗教傳布起來。早在哲宗之治世的一八六〇年，慶州之沒落兩班（註二）出身的崔濟愚（福述）鑒於西方宗教流行，乃言獲得上天啓示，遂混合儒、釋、仙三教與朝鮮原有之民俗信仰融合，而與西學（基督教）相對的將其新道稱爲「東學」。濟愚以爲歐美各國之所以能夠欺壓滿清，並非單憑其船堅砲利，乃由來於篤信支撐他們的西學。其教義以敬天、順天之心爲主，「人乃天」，「天心即人心」，而具有強調人之主體性的一面。其具體的信仰方式，就是常誦「至氣今至，願爲天降」、「侍天主造化定，永世不忘萬事知」之八字咒文，或十三字咒文，降神，執木劍以舞，如有人請爲其治病，則授以咒文，使之吟誦，並使之服用書寫「弓弓乙乙」的紙片燒成之灰燼，而萬病必癒，長生且免於貧困（註三）云，故含有迷信的要素。

當濟愚開始傳布這種具有現世的、民衆的一個層面之教義以後，對當時社會深覺不安之一般民衆，尤其在因社會不安與疾疫流行而動搖的三南地方之農民與婦女、沒落兩班之間，迅速流傳而引起社會的重視。朝鮮當局以爲此教將腐蝕人心，故以之爲「惑亂無知之邪教」而加以禁止，且於一八六四年逮捕濟愚，將他處死於大邱。但此一鎮壓反而刺激東學黨民衆聚集，增強其勢力。二世崔時亨爲濟愚之同族，他繼承教祖遺志，不僅不屈服於一切壓迫，反而將其教義體系化，鞏固組織力量。於是在慶尙、忠清、全羅等朝鮮南部民衆之間擁有強大勢力。（註四）

當時全羅道古阜郡郡守趙丙甲，經理使閔泳駿，以聚歛之才，專寵於上，扶植爪牙於地方，私徵米穀，出海行販，民不堪擾，而於一八九四年（清光緒二十年，朝鮮高宗三十一年）一月發生暴亂。鄉長孫化中，鄉民金介男等，都紛紛以東學黨魁，揭竿而起，參加其行列，一呼萬應。搶奪軍械，破獄放出囚犯，更向官紳、土豪清算舊仇，毀其住宅，刼其婦女，索回被侵佔之家產。其行動之較爲激列的，則拘捕貪官污吏，閹割其性器官，以除「惡種」。不數日，各地烏合響應，禍及京畿、江原、黃海、慶尙諸道，（註五）而其勢難以遏止。

崔時亨原以「掃破倭洋」、「除暴救民」爲口號揭竿起義，除對各地下組織下令響應外，又以「斥倭洋倡義」爲其旗幟，展開有組織的反抗運動。朝鮮政府對東學黨的此一舉動大爲震驚，故出動軍隊下令解散。不聽，情勢只見日益惡化。尤其他們排斥外國人的宣傳，也給駐漢城的各國使節造成很大的衝擊，使問題愈益嚴重。因該黨之動向已從宗教的，救民的，急速轉變成爲政治叛亂，且其勢日強，故使朝鮮當局束手無策而陷於絕境。

由於東學黨徒之勢難遏，故朝鮮王（高宗）與其戚族乃欲請宗主國——清朝遣兵代戡，而當時在漢城的欽命駐紮朝鮮總理交涉通商事宜二品銜正任浙江溫處海關兵備道袁世凱，雖亦認爲有此必要，卻因日本之態度曖昧而猶豫。遣兵協助屬國戡亂固爲宗主國之權限，惟此舉將與中日《天津條約》抵觸而有誘發日本藉口出兵之虞。因此，袁世凱乃經常留意日本駐韓臨時代理公使杉村濬之態度。由於杉村曾非正式的對朝鮮督辦交涉通商事務趙秉稷言：「爲敉平內亂而請外國軍隊援助爲不可」，且又曾託人向朝鮮王稟奏此事，而朝鮮政府亦有人持反對意見之事實，使袁氏有所顧慮。惟當時他與日本臨時代理公使會談以後，日本也將以保護僑民名義出兵。（註六）當時雙方雖未言明兵力，袁氏卻以爲日本會循往例派遣一個步兵中隊，更認爲日本之遣軍不致影響大局。故乃決心出兵，於四月二十八日向李鴻章報告：朝鮮「求華代戡，自爲上國體面，未便固卻」，「已囑如必須華兵，可由政府具文來，即代轉電請憲核辦」。李氏接獲此一報告後亦認爲：「如不允，他國人必有樂爲之者，將置華於何地？自爲必不可卻之舉。」而欲待其國書到達後將其轉呈，並電飭駐日全權公使汪鳳藻，依《天津條約》行文到日本外務省，告以因朝鮮之請求而欲派兵助戡。由於該條約中並無華派倭亦派之文字，故李氏更認爲：「倭如多事，似不過藉保護使館爲名，調兵百餘來漢。然距漢尚遠，倭兵來反騷動，韓外署應駁阻，各洋員尤不願倭先自擾。」（註七）而未能洞察日本的野心。

在朝鮮方面，則其王廷因袁氏之催促而於四月三十日夜晚，命參議交涉通商事務成岐運訪袁氏，以朝鮮議政府照會方式，請中國出兵戡亂。請兵書是以左議政趙（秉世）名義發出，並照會袁氏，所署日期爲光緒二十年五月初三日。朝鮮政府更命其工曹參議李重夏爲中國軍艦迎接官，督辦內務府事申正熙，參議內務府事成岐運爲軍務司，以接伴清軍。（註八）

光緒二十年甲午五月一日，袁世凱向李鴻章電告朝鮮政府將以公文請求中國出兵代戡，故李氏立刻將該文件之全文轉電總理衙門，且命直隸總督葉志超與山西太原鎭總兵聶士成，率北洋陸軍之精銳蘆楡防七營一千五百名，配齊軍裝，分乘招商局輪船先後渡朝鮮；更命北洋海軍提督丁汝昌，將巡洋艦濟遠號、揚威號分遣仁川，使之保護僑民及護衛運輸兵員船隻。兩日後，電訓駐日全權大使汪鳳藻，將中國擬遣兵助戡事備文知照日本，並轉電總理衙門、葉提督及袁世凱。汪鳳藻於接獲此一電文後，即日將出兵之事行文通知日本外務大臣陸奥宗光。

當時在旅順的濟遠、揚威兩艦於奉李鴻章之命後，於五月一日出港，二日進仁川港。進港之際，已有平遠號停泊彼處。日本方面則有巡洋艦大和、筑紫，砲艇赤城等在仁川，情勢頗不平穩。聶士成乘船圖南號則在軍艦揚威，及由濟遠管帶北洋海軍中營副將方伯謙，與因運輸艦之安全問題，分派牙山之平遠艦的援助下，於五日登陸牙山；葉志超所乘海晏號在砲艇操江號護衛下於六日，海定號則於七日抵仁川。約在兩日後，使所有陸軍兵員和軍需物品都上岸。同月十九日，海定號自仁川返抵大沽，復運武毅軍部隊，及古北口練軍馬隊之部分兵員共四百，於兩日後抵牙山灣外海洋，二十二日登陸。因此，當時在牙山、公州一帶的清軍約有二千八百名，大砲八門。

值得注意的是，當時葉、聶兩人所率部隊登陸朝鮮時，全州府已於五月初八日爲兩湖招討使洪啓薰所收復，東學黨徒自行散去，故其赴朝鮮之任務不復存在。然而，日本趁清廷遣軍之機會，以保護使館、僑民爲藉口，派遣大軍積極準備作戰，而其先遣部隊之兵員四百人，早於同月七日逕自進入漢城，致使清軍孤立於朝鮮內地，面臨將被日軍切斷與本國聯絡之危險。

三、日本陸軍之備戰

光緒二十年四月下旬，日本駐漢城臨時代理公使杉村濬，已風聞清廷有意應朝鮮之請遣軍戡亂，乃密切注意事情之發展。及他於二十九日得知朝鮮已確定向清廷請援，而其華語通事鄭永邦也從袁世凱口中獲此消息。故除電告本國外，於次日晨謁見袁世凱，從而得悉朝鮮政府請援事行文給袁氏，乃於五月一日將此消息電告本國。（註九）同日，其在北京之臨時代理公使小村壽太郎，也將他所探知清軍一千五百名自山海關乘船赴朝鮮之消息電告本國，而駐在天津及芝罘之領事也有同樣的情報傳回外務省。（註一〇）翌日，杉村更將朝鮮政府已於一日夜晚正式向清廷請援之事有所報告。（註一一）

四月二十九日（六月二日），首相伊藤博文爲解散事事與政府作梗之衆議院問題，於其官邸召開臨時內閣會議。陸奥宗光乃於開會前將得自杉村濬的電報給與會之閣員過目，且言無論清廷以何種名義出兵，日本自當派遣與清軍相當之兵員以防萬一，並藉以維持中、日兩國在朝鮮勢力之均衡。因閣員皆同意陸奥之意見，伊藤遂立刻要求參謀總長陸軍大將熾仁親王，參謀本部次長陸軍中將川上操六與會，共商遣兵事宜，更要求明治天皇裁可。（註一二）

是夜，陸奥外長復請外務次官林董與參謀次長川上操六，至其官邸研擬遣兵策略。結論是：日本如出兵，則清兵必來擊。清軍雖可能不會超過五千，但日本為求必勝，必需要有六千至七千的兵力。如據當時參加會議的林董之《回憶錄》所記，則該夜的會議，並非討論如何早日敉平朝鮮內亂，乃是如何引發戰爭及如何戰勝清軍。（註一三）

於是，日本乃以保護其在朝鮮之使館、僑民為藉口，欲根據《濟物浦條約》第五款，及中日《天津條約》第三款出兵。早在五月一日，即已下令前此返國渡假之駐朝鮮公使大鳥圭介速回漢城。次日，大鳥搭乘軍艦八重山丸返其任所。陸奥又下令駐北京臨時代理公使小村壽太郎，把日本也將派兵之事行文通知清廷。惟因前此駐日公使汪鳳藻給日本的照會文中有「保護屬邦」四字，故陸奥即時向清廷提出抗議，言日本從未承認朝鮮為中國屬邦。（註一四）可見，中、日兩國在決定出兵之初，便已發生齟齬，而日本之種種陰謀，使朝鮮半島為戰雲所籠罩。

負責日本當時外交問題之陸奥雖言為維持中、日兩國在半島上之勢力均衡而出兵，且言出兵時要使清廷居於主動地位，日本盡量處於被動地位，但此言只表示日本在軍事行動上不搶先，不留下受人攻擊之口實而已，並不代表日本沒有將朝鮮納入自己勢力範圍，或將它佔為己有之企圖。所以陸奧冠冕堂皇的說詞，應屬違心之論，此事可由前舉他與林董、川上操六等人開會時所討論之內容，及後文所言日本陸軍派赴朝鮮之情形獲得佐證。

日本當時主戰派的代表人物爲參謀本部次長川上操六。川上早就注意東亞局勢，研究朝鮮政情，故不僅銳意改革軍制，充實軍備，且遣其部下之精英分別前往世界各國蒐集情報，更於一八九三年四月，親往朝鮮視察。於是增加其對清朝作戰之信心，而一心一意準備對華作戰。（註一五）當東學黨力量逐漸擴大時，川上即命駐朝鮮公使館武官陸軍砲兵大尉渡邊鐵太郎至釜山蒐集情報，並於四月十七日，向參謀總長熾仁親王報告，賦予參謀本部部員陸軍步兵少佐伊知地幸介以重要使命，使之前往釜山。伊知地復命的內容雖不詳，但當他於四月二十六日返抵東京後，日本陸軍便以川上爲中心，盛論遣軍事宜，力言以武力改革朝鮮政府，以復甲申事變以後一蹶不振的日本在該國的勢力。更以參謀總長名義向內閣提出：「東學黨匪，其勢甚猖獗，韓兵無法鎮壓。依目前情勢，朝鮮必請清廷遣軍助其戡亂，而清廷必允其所請。爲保護日僑，及維護日本帝國在彼地之權勢，日本亦有出兵之必要」，而要求遣軍前往朝鮮。與之同時，川上又極端秘密地準備動員，以參謀本部第一局長陸軍大佐寺內正毅爲主任，工兵少佐山根武亮，海軍大尉山本和，工兵大尉井上仁郎，騎兵大尉西田治六等人職司陸軍兵員之運輸，以準備對華開戰後設運輸通信部。（註一六）

日本陸軍爲準備對華作戰，乃於下令大鳥圭介返回任所之同日，向日本郵船株式會社租借該公司所有之近江、遠江、山城、兵庫、越後、和歌浦、仙臺、酒田、住之江、熊本等十艘輪船，以為運輸兵員之需，並向大阪商船株式會社租用木曾川、筑後川兩艘小型輪船負責釜山、仁川間的通信、聯絡工作。

五月二日，在參謀本部設「大本營」，以陸、海軍之侍從武官、軍事內局員、幕僚，陸、海軍大臣為其主要成員，以參謀總長熾仁親王為其幕僚長，陸、海兩軍參謀分別由川上操六、中牟田倉之助兩中將擔任，兵站總監（聯勤總司令）則由川上兼任。同日，以其第五師團之部分兵員編組一個「混成旅團」（註一七），歸大島義昌少將統率，從而完成對中國的作戰體制。此「混成旅團」係由兩個步兵聯隊，一個騎兵中隊，一個野戰砲兵大隊，一個工兵中隊，及部分輜重、兵站人員所組成。該旅團以外的第五師團之其餘兵員的派遣，至九日亦獲其天皇之核准。（註一八）

旅團司令部及第一運輸隊等先遣部隊，自二日開始，在廣島之宇品港上船，陸續前往朝鮮。九日，進仁川港。十日，抵漢城。大島本人則於七日夜晚率近江、遠江、熊本、越後、酒田各輪出發，其無法於七日完成準備之部隊，則分乘住之江、兵庫、仙臺、山城四船，於八日自宇品啓錠，兩日後趕上大島一行，在軍艦吉野丸護衛下，於十二日先後抵仁川。十三日，全員完成登陸。此一旅團自五月九日起至十三日之間，全部集結於仁川、漢城之間，以牽制清軍，而他們全員抵朝鮮的時間，僅晚清軍四日而已。（註一九）

得在此一提的就是大島圭介曾於五月八、九、十日分別發出四封電報給陸奧宗光，言：依目前漢城情勢平穩，如無正當理由而使太多士兵登陸，將會引起外交上的無謂困擾，所以希望他與陸軍大臣商議，並將此事告知大島義昌，其由和歌浦丸所載運士兵則請與參謀本部商議，只讓少數士兵登陸，且將其留在仁川。十三日，復電告：「全羅道暴徒敗北，清兵未遣至漢城，中、俄及其他各國皆對日本之意向產生疑慮。因此，各該國家均有遣軍赴朝鮮之虞。目前情勢雖陷日本於危急之境，卻無使四千士兵進入漢城之好藉口」，而請陸奥愼重考慮。陸奥則認為無法不讓大島之部隊登陸。在要求他們進入漢城之前，可使之駐紮仁川，恐將失去入漢城之機會。所以即使在外交上會發生若干困擾，也以讓日軍進入漢城為有利。日本政府在不得已時，可能會對朝鮮採取強硬措施。（註二〇）可見陸奥等人是處心積慮地製造事端，欲藉以引發戰爭的。

先是，當大島圭介於五月六日率軍艦八重山丸駛入仁川港，以兵員四百，大砲四門進入漢城。其後，大島義昌之混成旅團接應，扼守仁川和漢城要害；復有日本軍艦五艘駛入八尾島。朝鮮當局見事態嚴重，乃派閔商鎬、李密植分赴仁川與龍山詰責日軍，但徒勞往返。日軍之混成旅團自仁川登陸後，兵員多達八千餘。五月十日，閔泳駿照會袁世凱，要求中國撤兵。十一日，復照會日本公使館，說明中國與朝鮮之間的關係而要求其撤兵。（註二一）日使言：「清兵如撤，日軍即退回其間。」而袁世凱也曾為同時撤兵事，與大島圭介協調。協調結果，「日本已至漢城的千名兵員撤出四分之三，留二百五十名駐仁川；清軍撤五分之四，留四百移駐仁川附近，均俟匪清全撤。（註二二）惟大島未奉日廷令撤，故乃擬於請示其外務大臣後，將協調內容記載於公文上。然日本當局獲大鳥之請示後，非但未同意撤兵，反而決定以改革朝鮮內政為藉口，於五月十二日訓令大鳥：「無論用甚麼名義，都不可同意撤兵。」（註二三）且於次日將此事通知汪鳳藻。汪氏把此事向本國稟報。李鴻章全面拒絕日方所提中、日兩國共同討伐匪徒與改革朝鮮內政的答覆，於十八日由汪氏轉達日方。因陸奧早已預料清廷必將拒絕此一提議，故當他獲李氏之答覆以後，日本便更肆無忌憚地干涉朝鮮之各種事務，並將其因外交理由延誤之混成旅團開進漢城。二十五日，使其所遣部隊全部在仁川登陸。日本軍部非僅派遣大軍至朝鮮而不肯撤退，更陸續派遣架設釜山、仁川間之軍用電話線路的人員、口糧、器材等，及遣人實地調查釜山、漢城間之地形，以查看它與輿圖所記載者是否有出入。他們原擬使其混成旅團之後續部隊自馬山浦（昌原縣）登陸，但後來發現馬山浦固可作一時的登陸地點，惟因該地除村落外，俱為水田，缺乏可作集合、露營、倉庫之處所（註二四）而作罷。如據日本防衛廳戰史研究所附屬圖書館所典藏，當時的日本軍部與派往中、朝兩國各地之諜報人員往返之電報可知，日本除將大批戰鬥人員送往朝鮮外，也還徵調醫護人員、獸醫、拆除城堡大隊送往彼地，可知準備甚為周全。另一方面，對清軍動態的調查工作也做得非常徹底，無論陸軍或海軍，其一舉一動都完全被那些諜報人員所掌握，所以日方處處都能把握制勝先機。職是之故，當其海軍在六月二十二日偷襲中國船艦，雙方於七月一日宣戰，開始正式戰鬥以後，中方之所以會處於不利地位，除後續兵力問題外，未能洞悉敵人野心，先作萬全準備，及未作好諜報工作，應是吃敗的主要因素之一。

四、結　語

由前文可知，當朝鮮爆發東學黨之亂時，日本非僅未同情鄰國發生此一事變而萌助其早日平定內亂之念，反而處心積慮地備戰，使自己能夠趁機獲得更多的利益。所以當其侵略部隊陸續開進朝鮮時，因內亂已平定而其駐漢城公使大鳥圭介對日本之繼續遣軍有所顧慮，認爲已喪失使日軍入漢城之藉口而宜令他們停留仁川，故請陸奧愼重考慮此事。陸奧竟言：「現在如不入漢城，將失去機會。即使在外交上發生若干困擾，也以讓那些兵員進入漢城爲有利。因此，仍以綏靖內亂爲藉口進兵，對朝鮮國的未來政策，則日本政府在不得已時，將採強硬措施。」（註二五）陸奧此一高壓式的命令，顯然出大鳥的意料之外，因爲除非日本有意與中國斷交，否則就應撤兵，以和平方式解決問題。職此之故，大鳥仍與袁世凱進行交涉撤兵事宜，而擬將其交涉結果向本國政府報告之際，由於派駐漢城的松井「交際官試補」，及陸軍步兵中佐福島安正，工兵少佐上原作等人極力反對，乃候回國之杉村書記官返回任所後再作決定。（註二六）當杉村於五月十六日回漢城後商議結果，竟決定：「違背中、日同時撤兵之協議，即使因而與中國開啓戰端，也要藉機解決朝鮮之獨立問題。」因日方欲藉機解決朝鮮之獨立問題，亦即日本欲藉此良機破壞中、朝兩國之主從關係，所以袁世凱雖催大鳥簽訂撤兵協定，也始終不得要領，而不得不向李鴻章報告。至大鳥之由主張撤兵改爲藉機進兵的態度之改變問題，在此姑且不談。

日本既以先發制人，清廷已不能以拖延交涉方式，制止其軍事行動。當時英、俄兩國也從中斡旋，時或恫嚇，但日本的備戰愈益積極。於是英國知中、日兩國之戰已無法避免，遂令其駐日代理公使巴息，向日本政府提出：「今後若清、日兩國不幸而至於開戰，上海為英國遠東權利之中心，望貴國政府勿以此為戰場。」（註二七）只謀保有英國既得之利益。

李鴻章雖始終主和，但實際交涉瀕於決裂，遂一方面在牙山等地築堡壘，謀與海軍策應，雇英輪三艘運送兵士，一方面又從北方進平壤，準備夾擊，對抗日軍。六月二十二日，日本軍艦浪速丸在豐島海洋偷襲中國船艦，戰端遂開。

以上所述乃甲午戰爭前夕，中、日兩國因東學黨事件之接觸，進而引起日本圖謀朝鮮之野心，及其積極備戰之陰謀，與清軍喪失戰機之一段歷史考察，雖欠缺部分史料，然由此大體可知其梗概。

註釋：

註一：李迺揚，《韓國通史》（臺北，學生出版社，民國三十九年八月），頁九一。

註二：兩班，高麗、朝鮮的官僚組織，也是社會的特權身分階級。在組織上，係東班（文班）與西班（武班）的合稱，亦即表示東西兩班或文武兩班，在社會經濟上則除作為政府官員之法制上意義外，還具有封建地主身分，與常民階層、奴婢階層對立。兩班內部也區分為上、中、下三個階層，上層為大地主且是官僚者；中層爲無土地、奴婢等固定經濟基礎，但爲官僚或可能成爲官僚者；下層則雖非官僚，但爲中小地主，被視爲地方望族者。惟此兩班並非法典所定，乃是歷史的發生、成長的。朝鮮的官僚組織承襲高麗。高麗的這種組織成立於十世紀末，隨著歲月的流逝，在世襲的過程中，兩班便加強了代表家世的特性。高麗官僚的特性，就是根據各人的品秩與官階之高低，給與土地及俸祿。原則上，這種恩典止於一身，但土地則視實際情形，可擁有至二代或三代，後來則可永久持有。對這種特權採限制措施，亦即形成排他性社會階層。故如非出身兩班，便無法參加科舉的規定，由來於此。但即使同樣參加科舉，既有能夠陞上最高階者，也有只能停留於下層階級的。就在這種一再重演的過程裏，自然分化成爲一流兩班、二流兩班、三流兩班。這種分化經高麗四百餘年（九三六～一三九二）至李朝時大勢已定，而其分化範圍更爲狹窄。兩班在表面上雖與官職密切不可分，但其裏面卻與封建的土地所有（擁有奴婢）問題有密切的關聯。

註　三：石井壽夫，〈教祖崔濟愚における東學思想歷史の展開〉，收錄於《歷史學研究》，第十一卷第一號。田保橋潔，《近代日鮮關係の研究》下卷（東京，宗高書房，昭和四十七年九月），頁二一二～二一三。

註　四：同前註。

註　五：李迺揚，《韓國通史》，頁九二。

註　六：《清光緒朝中日交涉史料》，卷一三，光緒二十年四月二十九日〈北洋大臣李來電〉。

註　七：顧廷龍、葉亞廉，《李鴻章全集》，二（上海，上海人民出版社，一九八六年十一月），頁六八一。
註　八：《日省錄》，李太王甲午年五月一日條；《甲午實紀》，同年同月同日條。
註　九：日本海軍軍令部，《廿七八年海戰史》，卷上，頁八〇～八三。
註一〇：伊藤博文，《機密日清戰爭》附錄（東京，原書房，昭和四十二年九月），頁八八九。陸奥宗光，《蹇蹇錄》（東京，岩波書店，一九九二年九月，第三版），頁二四。
註一一：伊藤博文，《機密日清戰爭》附錄，頁八八九。陸奥宗光，《蹇蹇錄》，頁二三～二四。
註一二：伊藤博文，《機密日清戰爭》附錄，頁八八九。陸奥宗光，《蹇蹇錄》，頁二四～二五。
註一三：參看水野明，《日中關係史概說》（名古屋，中部日本教育文化會，昭和六十二年十二月），頁九八。
註一四：伊藤博文，《機密日清戰爭》附錄，機密送第一九號文書〈朝鮮國兵員派遣ニ付大鳥公使へ訓令〉。《日清韓交涉事件記事》，第二、三號文書；別紙第二、三、四號文書。
註一五：松下芳男，《日清戰爭前後》（東京，白揚社，昭和十四年十二月），頁一一三～一一四。
註一六：日本參謀本部，《明治廿七八年日清戰史》，卷一，頁九四～九五。
註一七：如據明治二十六年（一八九三）陸軍《密大日記》的記載，一個師團的兵員總數約一萬八千五百人，馬五千五百四；一個步兵旅團的兵員五千八百零六人，馬七百五十二匹。戰時的人、馬倍增。故其在五月二日所動員之陸軍將士多達萬餘，馬匹則在一千五百以上。
註一八：參謀本部，《參謀本部文書》，明治二十七年六月十二日〈第五師團全部朝鮮派遣裁可〉。

註一九：松下芳男，《明治軍政史論》（東京，有斐閣，昭和三十一年七月），頁一七一～一七二、四一五。

註二〇：伊藤博文，《機密日清戰爭》，機密送第一九號文書〈朝鮮國兵員派遣ニ付大鳥公使ヘ訓令〉。《日清韓交涉事件記事》，別紙第六、七、八、九、十號文書。

註二一：《清光緒朝中日交涉史料》，卷一三，光緒二十年五月十日〈北洋大臣李來電〉。有關其間經緯，參看田保橋潔，《近代日鮮關係の研究》下卷，頁三〇六～三四二。

註二二：《清光緒朝中日交涉史料》，光緒二十年五月十五日，〈北洋大臣李來電〉。

註二三：《日清韓交涉事件記事》，別紙第一一號，明治二十七年六月十五日〈外務大臣ヨリ大鳥公使ヘノ電報〉。

註二四：《日清戰役電報綴》，M二七－二，明治二十七年〈發電綴〉，同年七月二日（中國曆六月六日）上午十時十分〈寺內正毅致釜山柴中尉〉電報，七月八日（中國曆六月十二日）上午十時三十分〈大本營參謀本部第二局長致青木大尉〉電報；七月十二日（中國曆六月十六日）下午二時三十分〈駐釜山青木大尉致土屋大佐〉電報。

註二五：《日清韓交涉事件記事》，別紙第一〇號，明治二十七年六月十三日〈外務大臣ヨリ大鳥公使ヘノ電報〉。

註二六：杉村濬，《明治廿七八年在韓苦心錄》，頁一三～一四。

註二七：李迺揚，《韓國通史》，頁九四。

甲午戰爭前的中日兩國動態

一、前言

自從以英國爲首的歐洲列強之勢力東漸，至十九世紀已達高潮而當時列強之勢力範圍大致已經固定。清廷由於鴉片之役敗於英國，打破閉關自守政策。十年後，美國東印度艦隊司令培里（Perry Watthew Calbraith）率領艦隊至江戶灣要求開港，使德川幕府不得不放棄自十七世紀三十年代以來所實施之鎖國政策。滿清受戰敗的打擊，遂啓發自強思想，日本則受歐美與之通商的嘉惠而有明治維新。職是之故，日本在政治、法律、經濟、教育、軍事、科技各方面採用歐美的制度而國是一新。

日本既強，竟窮兵黷武，擴張其侵略的軍國主義，萌生稱霸東洋的帝國主義之野心。其所採的大陸政策，主張必先壓制中國，始可抵禦歐美。明治初年，武臣西鄉隆盛等人所倡「征韓論」，雖一時未被「自重論」派的參議大久保利通等人所採納，但此乃因其軍備尙不足以實現對外侵略，實際上日本軍閥與政客並未放棄侵略中國東北及其迤西之地的野心，更何況帝俄的勢力已崛起於西伯利亞，日本爲防俄國的入侵，在未能扶植勢力範圍於中國東北之前，朝鮮半島實爲其心腹之患。因強大的帝俄在半島後面隱伏，且有逐漸南進的態勢，想在太平洋尋一不凍港，將稱霸於遠東。對此一情勢，日本當然無法置之不理，遂煽動朝鮮內亂，施以政治陰謀，使其脫離宗主國滿清而後併吞之。(註一)

近代日本之侵略朝鮮始於明治初年要求該國開放門戶，因朝鮮堅拒，乃以武力壓制，強迫使之簽訂「日朝友好條規」——江華條約(一八七六)。簽訂此一條約時已明白表示「朝鮮爲自主之邦」(註二)，等於正式否認中國在朝鮮的主權，亦即日本使朝鮮自認其非中國屬國。此後，日本即以改革朝鮮政治爲藉口，干涉其內政，此事不僅搖撼東亞的國際關係，也使中、日、朝三國間的關係發生很大的變化。由於日本插手朝鮮問題，中、朝兩國間的主從關係便受嚴重打擊，中、日兩國也從此爲朝鮮問題不時發生爭執，而壬午兵變(一八八二)、甲申事變(一八八四)，即其顯著事例。

甲申事變爆發之際，清軍入衛朝鮮王宮，日本公使竹添進一郎見此，即首先射擊，袁世凱乃派部下陳長慶率軍兩哨求見日使，告以入宮原委，日使不納，鎗發不絕。旋朝鮮親日派朴泳孝等督率由日人訓練之朝鮮前後兩營，加入日軍作戰，世凱率軍迎敵。朝鮮軍左右兩營亦會同助戰。移時泳孝所領前營死亡、逃走，後營餘百十人。日軍見勢已孤，亦棄戈而奔。(註三)光緒十一年(一八八五)二月，遣參議兼宮內卿伊藤博文爲全權大使，海軍少將仁禮景範，參事院議官井上毅等爲隨員至中國，（註四）清廷命李鴻章爲全權，吳大澂副之，擬在天津開議。（註五）惟伊藤直入北京，詰問李鴻章，限三月返天津，遂開始交涉，伊藤力言清兵之暴行，李則指責日使開鎗，往復辯難，累日相持，終以中國受安南戰事之牽制，日本也自感威力不足，遂妥協，於同年三月四日在天津締結中日天津條約。（註六）此約既成，日本雖未能即刻取得朝鮮的保護國地位，但清廷已喪失對朝鮮的權益。

日本與朝鮮訂江華條約以後，使朝鮮自認並非中國屬國，而此天津條約則使中國表示朝鮮已非屬國，日本對朝鮮的權利、義務和中國平等。換言之，如中國肯定朝鮮爲自己屬國時，日本也可視朝鮮爲其屬國。天津條約簽訂後，清廷遂自朝鮮撤兵，命袁世凱爲駐紮朝鮮總理交涉通商事宜二品銜正任浙江溫處海關兵備道，留駐漢城監視日本人的行動。（註七）此後，日本也一如往日，蓄意在朝鮮製造事端，及利用該國親日派分子，處心積慮的圖謀有利於自己的局面，欲藉此將朝鮮據爲己有。

二、袁世凱對朝鮮請兵問題的處置

壬午、甲申事變發生之際，實爲朝鮮內外多事之秋，不僅中、日兩國在半島上屢起衝突，其他各國也視朝鮮爲俎上肉，（註八）故朝鮮曾先後與美（一八八三）、英（一八八三）、德（一八八三）、俄（一八八四）、義（一八八六）簽訂「修好條規」。當時列強在朝鮮勢力之較大者，除中、日兩國外，當首推帝俄，英國次之。

中、日兩國因朝鮮問題雖幾次發生衝突，但清廷始終抱持不將事情擴大之方針，再三讓步，遂得較爲圓滿的處理。惟當時朝鮮內政腐敗，人民已陷於水深火熱，呼號輾轉，托命無所，亂機四伏。（註九）抑有進者，朝鮮自開放門戶以後，因資本主義之入侵而促進了階級分化，農民們因生活困窘，致在各地引起叛亂——民亂。在十九世紀八十年代，此種叛亂雖是分散的，其範圍及於全國而慢性化。與發生民亂之同時，其陷於日常生活痛苦之深淵的農民與不滿現實而且失業之文武兩班人員，他們爲求救濟而集結於東學黨之下。此固爲當時朝鮮社會的特徵之一，但東學黨徒之公然以武力反抗政府，實以清同治十年（高宗九年，一八七一）三月，發生於慶尙道寧海府之民亂爲始。（註一〇）

迄至光緒二十年（一八九四）一月，在全羅道古阜郡發生農民暴亂，東學黨徒亦參加其行列。設寨、竪旗、號召遠近，其勢猖獗。當時古阜郡守趙秉甲，經理使閔泳駿，以聚歛之才，專寵於上，扶植爪牙於地方，私徵米穀，出海行販，民不堪擾。（註一一）鄉長孫化中，鄉民金介男等，無不紛紛以東學黨魁揭竿而起，一呼萬應。古阜郡東學接主全臻準的〈倡議文〉寫出政府種種秕政，言政府官員公私不分，一味賣官鬻爵，中傷忠諫之士，枉誣正直者爲匪徒，且以虐待民衆者爲多。大官們不顧國家危機，以帑藏中飽私囊而罔顧萬民生活之疾苦，有誰能拯救他們？民爲邦本，本弱則國家必亡，故全國人民應團結一致，竪起正義的大纛，爲輔國安民，宣誓殺身成仁。（註一二）當此檄傳到各地以後，即獲響應，自二月起遂成暴動——東學黨之亂（甲午農民暴亂）。

朝鮮政府對此一暴動採高壓手段，將一切罪過歸諸東學黨徒，故反而引起反撲。致在二、三月間由全臻準等人所率黨徒與農民軍襲擊古阜的政府機構，破壞軍械庫，搶奪武器，且將白米分給附近貧民。如從「建旗執鎗，騎馬者有百餘名」（註一三）的情形觀之，則叛徒已擁有相當數量之武器，其聲勢亦似與亂發之初大相逕庭。於是東學黨徒、農民、儒生、地方官吏多參與其事，而暴動便從全羅道擴及於慶尙、忠清兩道。他們反抗政府的鎭壓部隊，而官軍所在皆敗退，所以叛軍乃追奔逐北，佔領上舉三道，更設執綱所，改革制度，並予行政管理。（註一四）

且說亂發後，朝鮮當局曾於三月間命兩湖招討使洪啓薰赴全羅道戡亂，並附與該國新式軍隊中訓練較佳，裝備亦較優良的親軍壯衛營，卻在同月下旬與匪徒之首次戰鬪中不僅慘敗，而且受居於優勢的叛徒之壓迫而相繼逃亡。在此情形下，朝鮮當局雖簡拔魚允中爲宣撫使，命其負責宣撫叛徒，惟他之能否完成使命，實難樂觀。而此亂之是否將波及京城，誰也無法逆料。前此東學黨徒於光緒十九年三月間聚集於報恩郡「斥倭洋倡義」時，朝鮮王原有意向清廷請援軍，但因大臣們之反對，事遂寢而不行。（註一五）惟東學黨徒此次擊敗官軍，聲言北上京師掃除君側，而全州於四月二十日淪陷之消息又傳至漢城後，鮮廷大震。更有進者，洪啓薰復上言他無平亂之把握，且以壬午、甲申兩次變亂之俱藉華兵平定爲例，要求請清廷出兵代戡。當時朝鮮廟堂雖有人持反對意見，但兵曹判書閔泳駿卻以局勢緊迫，現在非議論可否的時候而主張請援。經過波折以後，鮮廷遂向駐紮朝鮮總理交涉通商事宜二品銜正任浙江溫處海關兵備道袁世凱要求遣兵代戡民亂。惟袁氏在同意遣兵代戡之前，他也曾顧慮日本的態度問題。由於中、日天津條約的第三款雖言「將來朝鮮國若有變亂等重大事件，中日兩國或一國要派兵，應先互相行文知照，及其事定，仍即撤回，不再留防」，而無華派日亦派之文字，卻有因此誘發日本亦派兵之慮，故此事可能使袁氏對派兵有所顧忌。如據當時日本漢城臨時代理公使杉村濬之言，則杉村曾於四月二十九日使其記錄官——華語通事鄭永邦探聽中國遣兵之眞僞。翌日則親自往謁袁氏，探詢朝鮮請中國派兵交涉之始末，並表明中國如遣兵，日本亦將派兵保護使館與僑民之意。因袁氏反對日本出兵，杉村遂言此爲其空想，而請袁氏勿慮之語來搪塞，然後顧左右而言他。（註一六）然袁氏似未覺察杉村之眞意，所以除要求鮮廷備具公文來請外，復於五月一日將此事電告北洋大臣李鴻章。李鴻章乃將此電文轉達總理各國事務衙門。李氏所轉之袁氏電文內容如次：

（朝鮮）京兵敗，械被奪，韓各軍均破膽。昨、今商派京兵及平壤兵二千人分往堵剿。王以兵少不能加派，且不可恃爲詞，議求華遣兵代剿。韓歸華保護，其內亂不能自了，求華代戡，自爲上國體面，未便固卻。頃已囑如必須華兵，可由政府具文來，即代轉電請憲核辦等語。如不允，他國人必有樂爲之者，將置華於何地？自爲必不可卻之舉。（註一七）

袁氏又云：

待其（朝鮮）文至，應請轉總署，電飭汪駐日星使照（天津條）約行文日外部，告以由韓所請。乙酉約，華、日派兵，只先行文知照，初無華派日亦派之文。日如多事，似不過藉保護使館爲名，調兵百餘名來漢（城）。然匪距漢尚遠，日兵來，反騷動，韓外署應駁阻，各洋員尤不願日先自擾。頃日譯員鄭永邦以其使令來詢匪情，並謂匪久擾，大損商務，諸多可慮。韓人必不能自了，愈久愈難辦，貴政府何不速代韓戡？（註一八）

由此觀之，袁氏認爲中國如應朝鮮之請遣軍代戡匪亂而若日本亦出兵，也只不過以保護使館爲藉口調派百餘兵員至漢城，故他未能瞭解該國自明治以來對朝鮮所懷之企圖與野心，於接見杉村後也未能聽出其言外之意，而認爲他只在催中國出兵而已。所以袁氏更云：

韓廷亦有此請，我政府冀其習戰自強，尚未核准。並探詢以乙酉約，我如派兵，應由何處知照？鄭答：由總署、北洋均可，我政府必無他意。（註一九）

李氏於轉達此一電文後接著說：「鴻現候朝鮮政府文轉到，擬派葉提督（志超）選帶精隊千百，乘商輪速往，並派海軍四艦赴仁川、釜山各口援護，一面電知汪使知照日（本）外部，以符前約。」可見無論袁氏或李氏，不僅相信杉村的話，對鄭永邦的說詞也信以爲眞而未能覺察對方的意向與野心，至竟謂：「杉與凱舊好，察其語意，重在商民，似無他意云。」「鴻昨晤天津日本領事，語意略同，告以韓請兵，勢須准行。俟定議，當由汪使知照外部，事竣即撤回。該領事甚謂然，允先告外部。」（註二〇）

朝鮮當局要求袁世凱代向清廷派兵代戡內亂，而袁氏要其備具政府公文來請，故朝鮮政府乃於四月三十日夜，命參議交涉通商事務成岐運訪袁氏，以議政府照會方式請求中國出兵助其戡亂。（註二一）該請兵書以左議政趙（秉世）名義發出，並照會袁氏，所署日期則爲光緒二十年五月初二日（六月五日）。該政府且命其工曹參議李重夏爲中國軍艦迎接官，督辦內務府事申正熙，參議內務府事成岐運勾管軍務司，以接伴清軍。（註二二）袁氏接獲此一文件後即電告李鴻章，李鴻章即飭丁汝昌派海軍濟遠、揚威二艦赴仁川、漢城保護商民，並調直隸提督葉志超率同太原鎮總兵聶士成選淮練勁旅一千五百名，配齊軍裝，分乘招商局輪船先後進發，一面電告駐日本全權公使汪鳳藻行文知照日本外務省，以符天津條約所訂條款。（註二三）

三、日本對東學黨之亂之反應

朝鮮開放門戶以後，與各國之間的貿易於焉開始，對日本而言，朝鮮乃無論在政治上或經濟上都需確保的鄰邦，此乃明治政府成立以來所堅持的政策。日本在朝鮮開放門戶以前，即已存在著以對馬的宗氏爲仲介之前近代式的雙邊貿易。惟自日、朝兩國簽訂江華條約以後，便否定朝鮮之關稅自主而日本有領事裁判權。更在條約中明白表示朝鮮爲自主之邦，正式否認中國在朝鮮的主權。非僅如此，朝鮮竟以金宏集爲修信使，赴日本修好，日本則已派花房義質爲代理公使，駐箚漢城，於是日、朝兩國間的交往日益親密。此後，日本便獨佔此一市場，貿易額也較開港前多

數倍至數十倍。（註二四）

且說清廷與日本雖因簽訂天津條約，而雙方對朝鮮問題暫獲妥協，惟朝鮮的親日勢力卻因此退步而親華勢力增大，（註二五）此一事實對日本甚為不利。更有進者，袁世凱為朝鮮商務全權委員，要求朝鮮將其稅務委由他處理而朝鮮不便拒絕，故清廷乃使總稅司羅拔・哈特（Sir Robert Hart）兼管朝鮮稅務，且以羅拔的屬下梅里（H. F. Merrill）為朝鮮稅務關長，旋又以美國人丁尼（O. N. Denny）為顧問，於是朝鮮的貿易、外交便為清廷所掌握。

其使中、日兩國民間關係陷於緊張者為韓人金玉均被暗殺事件。當時朝鮮有金玉均、朴泳孝、洪英植、徐光範等少壯派親日獨立黨；閔臺鎬、趙寧夏、尹泰駿、金允植、魚允中等人則以老成派而親華，是為事大黨——保守黨，兩派對立。復由於俄國在咸豐十年（一八六〇）與中國簽訂北京條約，獲黑龍江北之地，遂與朝鮮之咸鏡道接壤。帝俄夙懷進出太平洋謀求不凍港之野心，乃極力扶植勢力於朝鮮。（註二六）故使其使館書記韋貝出入王宮，朝鮮也派金鶴羽等赴海參崴以修睦誼，有韓圭稷、李祖淵、趙定熙等親俄派的產生。如此三黨鼎立，日人遂暗中煽動親日派人士破壞其他兩黨。（註二七）

自從清軍於光緒十年與法軍戰於馬江見敗後，朝鮮人士有輕視清廷實力之現象。日本駐漢城公使竹添進一郎遂暗中活躍於獨立黨之間，欲使他們藉日軍以禦華人，養刺客以除親華派，必要時日本派軍艦奧援。（註二八）金玉均等人遂利用漢城郵政局於光緒十年十月十七日舉行落成典禮，邀宴政府高官及各國駐漢城使節之際，襲擊政府要員，進而在日本駐軍掩護下佔據王宮，一度建立政權，並發表新政綱。沈相薰、李鳳九等告急於清營，並請剋期入衛。兩日後，袁世凱及統領吳兆有率兵入宮中，朝鮮兵左右兩營反正。竹添見勢不佳，率日兵退卻，金玉均、徐光範等俱化粧成日兵，逃竄至日本──甲申事變（金玉均之亂）。日本政府因顧及國際問題，將其送至小笠原諸島。惟日本人之同情金氏者多，如福澤諭吉、頭山滿等無不予以支援。但朝鮮人則以他爲賣國奴，除之爲快。二十年二月，金氏被誘至上海，爲朝鮮人洪鍾宇所暗殺。其屍體除被千刀萬剮，復加以梟首。「朝鮮君臣以玉均死，喜快如狂。」（註二九）日本國內則以此爲對親日派之殘酷報復而輿論沸騰。

甲申亂後，日方以外務大臣井上馨爲全權大使，與高島、樺山諸將率一個大隊的兵員搭乘軍艦至朝鮮詰責。朝鮮王屈服於其淫威，以左議政爲全權大臣，與日人和議。十一年一月九日，在漢城簽訂漢城條約，要求朝鮮修國書致日本以表示謝意。由朝鮮撥支十二萬圓，以禮恤日本人之遺族與負傷者，並賠償日商貨物之損失；撥支二萬圓建築日本公使館，以及嚴懲殘殺日本教官之兇手。至於在此次變亂中清兵入衛王宮時因砲擊日使館，於其翌年二月簽訂中日天津條約，則如上述。

光緒二十年一月發生於全羅道古阜郡的暴亂，至五月初旬雖已大致平靜，惟如前文所說，朝鮮政府爲鎮壓此一暴動，乃請清廷出兵代戡而獲清廷之首肯。日本則在亂發後即對朝鮮政府戡亂的情形頗爲關心。外務大臣陸奧宗光訓令其駐漢城臨時代理公使杉村濬嚴密監視事情發展的經過，尤其要注意朝鮮政府與清廷之間的關係之發展。（註三〇）杉村奉令後特別留意袁世凱的動靜。當兩湖招討使洪啓薰於四月四日出征之際，杉村聞知洪等搭乘中國北洋艦隊所屬砲艦平遠號，故乃請陸奧下令將停泊於仁川之日本艦艇開往全羅道沿岸，以利監視平遠號之行動。惟該日艦在不久以後返國，乃向其在仁川之海軍軍官要求改調其他艦艇前往。至同月十八日，方纔決定派巡洋艦筑紫丸駛往彼處。（註三一）當時，杉村除認爲朝鮮應改革內政以順應民情外，也還認爲它應請清廷出兵代戡民亂。清廷如答應此一請求，則日本是否爲保護僑民，及維持中、日兩國在朝鮮的勢力之均衡而須要出兵？因事屬緊要，所以建議早作決定。（註三二）亦即杉村認爲如果中國遣兵代戡東學黨之亂，日本也應以保護使館、僑民名義出兵，以維護中日兩國在朝鮮的勢力之均衡。如只爲保護使館與僑民，則除非漢城的情勢非常緊迫，並無此需要。即使要遣，其兵力也一小部隊即可。然若爲維持勢力之均衡，便與漢城之情勢無關。清廷出兵時，日本也隨之派遣部隊而所需兵力之多寡難於確定。（註三三）如據杉村的說法，則他似乎認爲清廷所遣兵力不會超過實際需要，日本也無需派遣大部隊。雖然如此，日本外交當局與軍部，尤其陸軍方面並未作如是想。

四月二十九日（六月二日），杉村從其通事鄭永邦口中得悉朝鮮已非正式的向袁世凱提出請援要求，袁氏也有意派兵助戡的消息後便立刻電告陸奧宗光。陸奧乃於同日召開的內閣會議席上，將此一電報展示於各閣員之前，言無論清廷以何種名義出兵，如有派兵到朝鮮的事實，日本也非派遣與之相當的兵力以備不虞，及保持中、日兩國在朝鮮之勢力之均衡不可。（註三四）因每一閣員都贊成其意見，故首相伊藤博文乃立刻傳令參謀總長陸軍大將熾仁親王，參謀本部次長陸軍中將川上操六兩人與會。會中決定以保護使館、僑民名義出兵，（註三五）兵力則根據川上的主張，定為一個「混成旅團」，（註三六）並於同日由明治天皇睦仁下詔給陸、海軍大臣、參謀總長、海軍軍令部長，要他們協助遣兵事宜。（註三七）由此可知，日本當局是在聽到朝鮮擬請清兵代戡東學黨之亂而清廷有意遣軍，但尚未付諸實施之前，就已積極佈署派兵的。

當日本政府決定派兵赴朝鮮以後，外務大臣陸奥宗光隨即令其正返國渡假的駐漢城公使大鳥圭介，準備隨時都可返回任所的態勢，並與海軍協調，使大鳥搭乘軍艦八重山丸，並加載海軍兵員若干；更發出訓令，使該艦及其所有乘員都歸大鳥指揮。陸軍參謀本部則命其第五師團團長野津道貫，準備由該師團派出兵員若干（一個混成旅團）赴朝鮮，復密令日本郵船株式會社及大阪商船株式會社，提供運輸兵員與軍用物資所需之輪船，而將這些事情作最迅速之處理。（註三八）與之同時，陸奥又訓令大鳥公使，如果日僑因朝鮮之內亂而有危險之虞，及清朝政府遣軍至朝鮮之事確定時，要立刻打電報向他報告。並言：如發生上述兩種情況之一，日本即將派兵。而日、朝兩國間的關係，須根據明治十五年（光緒八年，一八八二）所簽訂濟物浦條約：「日本公使館得置守衛兵」之條款；中、日兩國間的關係，則要根據明治十八年所簽訂天津條約：「朝鮮若有

內亂，國中無論何國派兵前往，必須預先互相知照」的條文來因應。（註三九）

因有關清廷遣軍赴朝鮮之消息已先後分別由駐北京代理公使小村壽太郎，駐天津領事荒川已次，北京公使館武官陸軍步兵少佐神尾光臣等人向本國報告，故陸奧雖未獲清廷擬出兵之照會公文，竟催大鳥速返任所，更與海軍大臣陸軍中將西鄉從道協商，使軍艦八重山丸啓碇，俾使在陸軍抵朝鮮之前，海軍陸戰隊的兵員能夠進入漢城。（註四〇）

四、清廷遣軍的經過

東學黨之亂發生後不久，北洋大臣李鴻章曾奉敕與東三省練兵大臣正白旗滿洲都統定安，舉行以北洋為中心之陸海軍聯合大演習，此乃因李氏自光緒初年開始在華北佈防以來十年間，創建北洋艦隊以及建設華北沿岸諸港──大連灣、旅順口、大沽、威海衛、膠州灣等而其防禦設施已如期完成之故。（註四一）此一演習由北洋艦隊提督丁汝昌麾下的各艦艇與福建、廣東兩水師之精銳組成聯合艦隊，並在屯駐盛京、直隸、山東三省的北洋陸軍參與下，於以英國支隊司令海軍中將愛德曼（Sir Edmand R. Fremantle）為首的列國海軍軍官環視中舉行。（註四二）李鴻章與海軍營務處賈起勝，山東登萊青道劉含芳，旅順口水陸營務處龔照瑗等幕僚，於四月三日自天津出發，經鹹水沽、大沽、旅順、大連、威海衛、膠州灣、山海關、灤州等處檢閱，二十三日返天津。（註四三）

李鴻章自天津出發往各地檢閱陸海軍聯合大演習之翌日，在小站獲袁世凱所發之電報。該電報言：「朝鮮全羅道泰仁縣有東學黨數千，聚衆煽亂，現派洪啓薰帶兵往捕。求調駐防仁川『平遠』兵船，分載韓兵赴格浦海口登岸，聊助聲勢。」「袁並派武弁帶丁役隨往照料」等語，李氏乃電告海軍提督照辦。（註四四）此後，袁氏一再電告李氏，言：「全羅道匪黨勢頗猖獗，韓兵練潰散。又添調江華槍炮隊四百餘往剿。」（註四五）惟因「韓王未請我派兵援助」，而「日亦未聞派兵」，故李認為在此情形下中國「似未便輕動，應俟續信如何再酌。」但「已速撥毛瑟精槍千枝並子藥，派輪船解往（朝鮮），以應急需。」（註四六）亦即自東學黨之亂爆發以後至四月二十一日當時，清廷既未接到朝鮮當局的請求，又未聞日本派兵之消息，故尚無遣軍代戡民亂之計畫。惟當李氏接獲袁氏有關朝鮮民亂報告，言朝鮮兵無力自行戡亂，暗示清廷遲早需遣兵代戡後，可能已預料遣兵助戡之事不可免。

迄至四月二十九、三十兩日，袁世凱分別與日本華語通事鄭永邦，臨時代理公使杉村濬晤談，杉村言中國應出兵代戡民亂後，袁氏方纔將決定派兵之事電告李鴻章，復於三十日將朝鮮政府請援之公文電告李氏，李氏於翌日將它轉電總理衙門。（註四七）

李氏除朝鮮請援之公文電告總理衙門外，復報告他已飭北洋艦隊提督丁汝昌派其屬下之濟遠、揚威二艦赴仁川、漢城保護華商，及護衛運輸兵員的輪船，更調山西太原鎮總兵聶士成，率古北口練軍武毅軍三營之兵約九百，山砲四門，自直隸蘆臺啓程，五月四日乘招商局輪船圖南號出發，駐山海關之直隸總督葉志超，則率正定練營之淮軍勁旅蘆楡防七營之兵約七百，及八・七釐米臼砲，分乘招商局輪船海晏號與海定號，於五月五日自當地啓碇赴朝鮮。（註四八）當李鴻章下令動員時曾電告葉志超曰：

> 頃總署電：本日奉旨：「李鴻章電奏已悉。此次朝鮮亂匪聚黨甚衆，中朝派兵助剿，地勢、敵情，均非素習，必須謀出萬全，務操必勝之勢，不可意存輕視，稍涉疎虞。派出兵練千五百名，是否足敷剿辦？如須厚集兵力，即著酌量添調，剋期續發，以期一鼓蕩平，用慰綏靖藩服至意。欽此！」前電奏派隊千五百名，廷旨尚恐不足，似應弟（葉志超）到牙山、公州後察看敵情，如須添調，即電商速撥，無論本部及威（海衛）、旅（順口）各營，均聽指調。鴻。（註四九）

由此觀之，葉志超所率一千五百名之兵員係暫派員額，如有需要，隨時都可增派，惟值得注意的是此係完全以平亂爲目的派遣者，並無防範類似壬午兵變、甲申事變時與日軍發生衝突事件重演之兵力，更未有像日本之爲維持勢力均衡而派之兵員。亦即清軍雖在朝鮮與日軍屢生爭執，但當局者似乎仍未能覺察日本人之野心，及瞭解彼之一貫伎倆而謀未雨綢繆之計。聶士成之部隊於五月六日抵牙山外海，在軍艦揚威、平遠號的支援下，於七日清晨完成登陸，葉志超所乘海晏號在砲艇操江號護衛中，於七日抵牙山，海定號於翌日到達。兵員、物資之全部上岸則爲十日頃。（註五〇）

五月三日，李鴻章電告駐日全權公使汪鳳藻，令其根據天津條約第三款，將中國應朝鮮政府要求出兵之事備文照會日本外務省，且將此一電文之內容分別告知葉志超與袁世凱。(註五一)汪鳳藻奉令後即日照會日本外務省，然因照會文中有「保護屬邦」一詞，故日本不僅就此向淸廷提出抗議，言其從未承認朝鮮爲中國屬國，而且一再詰問朝鮮，它是否爲中國屬國。此一問題姑且不談。

聶士成登陸後恐地方人士因見大軍蒞臨而心生疑懼，故於其翌日發布諭告，說明中國遣軍之目的，並招撫亂黨。(註五二)與之同時，爲表示淸軍入境秋毫無犯，乃曉諭朝鮮商民，淸軍如有騷擾，可隨時稟告。兵員購物，當會照價付款。惟商民等如擅抬物價，亦將重懲。(註五三)此外，更告示曉諭部下，言此次遠征，全爲保護藩屬及商民。故大家必須嚴守軍紀，不可騷擾他們。(註五四)

聶士成抵牙山前的五月五日，朝鮮參議內務府事成岐運以其王命赴袁世凱處，告以日本將派兵至漢城。次日，在仁川之華人亦據日本領事之言電告袁氏，謂倭派赴漢城兵三百名，返國渡假之公使大鳥圭介將返任所而已派兵船「赤城」出港迎接。(註五五)然因日本「無故派兵，騷動人心」，故朝鮮外務部督辦趙秉稷雖曾面詰日公使，但日公使竟不予理會。同日，復聞日本派兵三千餘而已陸續出發，確數難探。七日，仁川方面電稱日兵下船，前後共約四百五十名，大鳥帶領四百由陸路，分五十名帶砲四尊，以順明小輪赴漢城，故日軍之抵朝鮮的時間較聶士成早。如據日方文獻所記，則大鳥所率兵員應屬海軍陸戰隊。清兵抵朝鮮時全州已漸收復而鮮廷有意請撤華軍以退倭，但未明言。（註五六）朝鮮當局不願中國進兵，袁氏為免費力不討好，乃令圖南輪回天津暫候，蘆隊、榆馬勿去。（註五七）

朝鮮軍既已分頭捕剿東學黨徒，其政府又函求兵勿進，（註五八）復因華兵人地生疏，山徑叢雜，若無嚮導，玉石難分，似難冒然深入。因此，李鴻章乃令葉志超、聶士成仍駐牙山，等候袁世凱與大鳥圭介妥議中日雙方撤兵之法，再行酌辦。當李鴻章自汪鳳藻處得悉日軍不斷開抵朝鮮時，即令汪氏詰問日本外務省，何以為護館而調動大兵？並令袁氏告知大鳥，已到漢城之日兵暫駐即撤，續來者勿登岸，原船回日。此後汪、袁等因見日本大軍陸續抵朝鮮，故無不請李氏添撥重兵。李氏卻以日兵已駐漢城（約二千）、仁川（四千）而已佔先著，且葉志超駐牙山，距漢城二百餘里，陸續添撥已二千五百，足可自固兼滅賊。故謂我如再多調，日本亦必添調，如此則將無法收場，所以清軍備而未發，續看事勢再定。丁汝昌所添派鎮遠、廣丙、超勇等軍艦與快船至仁川，並兵約六百，也因恐刺激日軍而未使其登岸。（註五九）

李鴻章雖因怕刺激日方而反對多派兵員，但在日本大軍壓境的情勢下，恐對我方不利，故葉志超仍請速撥大兵以消弭大患。曰：派聶鎮往辦匪，又接史丞探報，全羅道金百計阻攔前往，不得匪而得倭等語。韓廷雖經袁道催剿，而前出討賊之兵已調回備倭，出剿迄無的信。我軍小隊無地方官嚮導，良莠難分，未敢深入，倘倭兵協剿，挑釁尤可虞。擬飭在全州暫駐，相機辦理。聶鎮以倭事迫暫留。頃探弁電：又有倭兵三千，由仁赴漢，分駐龍山、漢江一帶、已塞水原入漢之路。仁、漢扼要各處、倭兵節節佈置，華、韓信息皆為阻礙。倭兵時來牙山窺伺。頃海定（號）下兵來，倭船二，又倭兵十餘攜快槍上岸游弋。我愈堅忍，彼愈猖獗，不添大兵，懾以威勢，恐養癰成患，一潰難收。超睹情形，剿匪、防倭，須分緩急，防倭事備，剿匪轉易就緒。倭狡強，以重兵入韓都內地，我添重兵，倭亦無詞。超堅忍至今，事勢實逼，非敢張皇；知而不言，咎將誰諉？務求中堂主持，將徹底情形轉達總署，速發大兵，以弭大患。（註六〇）結果，不報。當志超請撥大兵時，海軍方面的林泰曾也曾以「風聞倭尚有五千將到，倭水陸共十隊，我兵既添，未添大隊海軍」。「後路請速備大隊船，合軍更備」，「雷艇福，須飭出塢」；康濟裝修水雷候進，並請調南洋來船」。（註六一）李鴻章對林氏的請求所作的答覆竟是：「日雖添軍，謠言四起，並未與我開釁，何必請戰？」「傳語在外各船及威海水陸各將，勤操嚴防。」（註六二）所以非但未允其所請，反而將他訓斥。抑有進者，更令葉志超「進剿土匪，無庸兼顧防倭。」（註六三）李氏此種一味謀求事情能和平解決，絲毫沒有防範日人的心態不僅可議，也有貽誤軍機之虞。

據《李鴻章全集》二所載李鴻章與袁世凱、丁汝昌、葉志超及各督撫往來之電文可知，五月下旬以後，李氏對日本的看法已有所改變。故當林泰曾以「鎮、濟等艦牢駐牙山，縱備艦雷，萬一失和，日必要截，音信、煤、糧中阻，必被所困。兵分力單，兩難濟事」，而「請調濟、丙回防。」丁汝昌亦認為「水陸添兵，必須大舉，若零星調往，有損無益。」故擬將此「三船調回，與在威各艦齊作整備，候陸兵大隊調齊，電到即率師前往，並力拼戰，一決雌雄」時，李氏不僅同意其看法，且令上海製造局將「四十磅快炮、藥彈、銅殼酌齊候撥」，「海軍尚需添設快炮，局內尚有六尊，亦祈配齊藥彈，並撥交去輪。」更因大同江是華兵將來進軍要口，乃令丁汝昌除往巡外，「須在彼妥酌佈置。」（註六四）又當他聽到日本的水雷船十二艘預備出口，不知所往時，也自動電告劉公島的丁汝昌及南洋、臺灣、閩粵各督撫，要他們「不動聲色，妥籌防範。」（註六五）雖然如此，時至六月初，中國方面也仍無迎戰日軍的準備。因為當袁世凱向李鴻章報告「日兵萬人分守漢城，四路各要害及我陸來路均置炮埋雷，每日由水陸運彈丸、雷械甚多，兵帳、馬廄架備多處」。「觀其舉動，不但無撤兵息事意，似將有大兵續至」。「日蓄謀已久，志甚奢」。「日狡，以大兵來，詎肯空返？欲尋釁，何患無隙」？「葉軍居牙難接濟，日再加兵，顯露無忌，應迅派兵、商船全載往鴨綠或平壤下，以待大舉」。「韓既報匪平，我先撤亦無損。且津約日已違，我應自行。若以牙軍與日續來兵相持，釁端一成，即無歸路」（註六六）時，也仍不預為之謀而與葉、袁電商，或設法移平壤，或暫撤回，欲另圖大舉。

六月中旬以後，李鴻章方纔覺察倭事緊迫，正在進行的撤兵交涉不足恃，這纔令瀋陽裕幷左統領「著速為籌備（與日戰），先派一軍由陸路前往邊境駐紮，以待進發。東三省練軍及左寶貴所帶兵勇，亦皆可用。」（註六七）也鑒於「漢城，仁川附近一帶，日兵水陸分布嚴密，歷來中國進兵朝鮮，皆由平壤北路進發」，故乃「派總兵衛汝貴統盛軍馬步兵六千餘人進平壤，宋慶所部提督馬玉昆統毅軍二千進義州，均雇（招）商局輪船，分起由海道至大東溝登岸，節節前進，相機妥辦。」「所需軍火、器械、糧餉轉運各事，均剋日辦齊，俾無缺誤。」此外，他復電商盛京將軍，派左寶貴統馬步八營，進平壤會合各軍，圖援漢城。」（註六八）葉志超的部隊則自牙山移至平壤，厚集其勢。在東三省方面，則擬抽調馬步隊一千五百，交盛軍總統豐都升阿統率，祿令左鎮于所部挑帶馬步三千五百，合隊前進，至平壤一帶駐紮。（註六九）惟在此值得一提的是：袁世凱於六月十六日奉准調回天津，由同知唐紹儀代理交涉通商事宜。（註七〇）袁氏之所以在此緊要關頭回國，除因他在外交上已無計可施外，在他任職朝鮮的十年間，始終被目爲執行反日政策的人物，恐於中、日兩國斷交時落入日軍手中有關。（註七一）

當清軍即將源源開進朝鮮之際，其消息已爲日方所悉，故各要隘均派軍駐守，水原有駐兵，北路亦然。惟兵分各處，無大隊。「韓、倭皆猜開戰在即，漢城更驚」。日方「戰備益急，益密，聞糧、械轉運不息，足支一年，華軍則尚需時日。」（註七二）更由於日軍日增且佈滿各地，致清軍進兵愈難，除非速催各軍加緊前進，否則恐難措手，（註七三）李鴻章之未接受葉志超等人的建議速遣大軍，實有以致之。當時清軍啓程前往朝鮮的情形是：衛汝貴盛軍七千人由新城分起登輪，馬玉昆毅軍二千由旅順上船，均於六月十九、二十、二十三日開駛，航海至大東溝登岸。派往牙山二千餘人，亦於同月十九、二十一日分別上船，共僱用招商局輪船十隻，亦於同月十九、二十一日分別上船，共僱用招商輪船十隻，英輪三隻。左寶貴馬步隊三千五百人，於十

九、二十三日分別由陸路啓行。安定抽調三省練軍馬步隊一千五百，則交副都統豐升阿統帶，亦隨啓趕往，均至平壤。(註七四)惟因動員令下得太遲，故在作戰上已失去先機。

五、日本遣軍的經過

前文曾提及東學黨之亂爆發以後不久的光緒二十年四月十八日，日本駐漢城臨時代理公使杉村濬，曾向其外務大臣陸奥宗光建議，日本宜針對清廷可能遣軍助戡民亂之事預爲之謀。杉村認爲發生於全羅、忠清兩道的民亂，其範圍已擴及該兩道的三分之一，各地人民莫不苦於地方官員之錙銖必求而怨聲載道。故此一變亂之將如何發展，頗難逆料，致漢城陷於孤立。漢城雖有號稱五千的京軍，其實不及此數。更有進者，京軍士兵之訓練止於步伐方面，其護國精神與一般平民無異。大小隊長出自世家，平日之訓練工作委諸下級幹部，故彼等雖有精良部隊之譽，前此派赴戰場，卻逃亡者不絕。在此情形下，今後三、四週內若官軍敗績而民軍北上，則朝鮮情勢將有所改變。當此之時，朝鮮政府或許會順從民意改革內政，袪除各種弊端以懷柔亂黨。惟此一措施不利於當前得勢之閔氏而難於執行。萬一清廷經由正式步驟遣軍入朝鮮，則勢必影響該國未來的形勢。所以杉村認爲：日本爲保護僑民，及維持中、日兩國在朝鮮勢力之均衡，宜根據前此所訂條約出兵，直至清軍撤退爲止。(註七五)

四月二十五日，陸奥訓令杉村就朝鮮向清廷請兵之傳聞的虛實作一番調查，並報告其所作調查的結果。杉村回答：「似尚未確定。」（註七六）二十九日，杉村因得朝鮮已決定向清廷請援的消息，乃遣其華語通事鄭永邦向袁世凱探詢匪情，並謂：「匪久擾，大損傍務，韓人必不能了。愈久愈難辦，貴國政府速代韓戡。」袁氏答：「韓廷亦有此請，我政府冀其習戰自強，尚未核准。」（註七七）杉村雖於其翌日往謁袁氏，而袁氏答以「韓惜民命，冀撫散及兵幸勝，姑未文請，不便遽戮韓民。如請，可自允。」（註七八）但他於聽到鄭永邦的報告後，即將此一消息電告陸奧。陸奧則於同日（六月二日）的內閣會議席上出示該電報，且言無論清廷用何種名義，只要有派兵到朝鮮的事實，則日本也非派與其相當之兵力至該國以備不虞，並維持中日兩國在朝鮮勢力之均衡不可。（註七九）因當時出席會議的各閣員均同意陸奧的見解，總理大臣伊藤博文乃立刻派人請參謀總長陸軍大將熾仁親王，參謀本部次長陸軍中將川上操六與會，就出兵問題加以討論，然後至皇宮請明治天皇睦仁裁可。（註八〇）

在上述內閣會議時，何以只請參謀本部次長等陸軍軍令機構的首腦，而未請海軍軍令部長？此或許與這次派兵以陸軍爲主有關，然其態度不無漠視海軍之處（海軍軍令部甫設於同年五月十五日）。是夜，陸奧於其官邸與外務次官林董，川上操六等聚首研討出兵事宜。惟當時他們所研討的，並非如何平定民亂，乃是要如何方能戰勝清軍。（註八一）川上認爲：日軍如入漢城，清軍必會攻擊，從而引爆中、日兩國間的戰爭。若然，則清廷將會派遣二三萬的兵員，日方如能在平壤一帶邀擊而獲勝，戰爭當會就此結束而對戰局持極爲樂觀的態度，更充滿了自信心。在研討時，陸奧一開始就說要派兵七八千人，但川上認為伊藤可能不會同意此一數目。不過川上又說：如言先遣一個旅團，則因伊藤知一個旅團之兵力為兩千而當不會表示異議。因此，實際上如遣一個「混成旅團」，其兵員總數將會有七八千。於是決定向伊藤報告要派遣一個「混成旅團」。（註八二）所謂「混成旅團」，就是以步兵旅團為中心，配以騎、砲、工諸兵，及輜重等後勤部隊，而賦予能夠獨立作戰之機能的部隊。

當時，日本的主戰論者雖多為軍方人士，但其中心人物則為川上操六。川上早就注意東亞局勢，銳意改革軍制，並不斷擴充軍備。他認為日本如要稱霸亞洲，則中日兩國間的戰爭必不可免。所以他不僅先後派遣其麾下的精英到世界各地蒐集情報，及調查中國華北的地形，更於光緒十九年二三月間親自到中國與朝鮮考察，加強了他戰勝中國的信心。回國以後，遂一心一意的準備對華作戰。（註八三）日本陸軍的態度雖如此，但海軍內部似無主動談論開戰與否者。當時的海軍大臣為陸軍中將西鄉從道，海軍軍令部長則為海軍中將中牟田倉之助，無論在政治上或外交上，他們都不表示強烈主張，故當時的日本軍方有陸倡海隨之概。（註八四）

日皇於裁示遣兵奏疏後，隨即降敕給陸、海軍大臣、參謀總長及海軍軍令部長，令他們為保護在朝鮮之日僑而派兵之事協調。（註八五）五月二日（六月五日），在參謀本部設「大本營」，以陸、海軍武官組成之侍從武官、軍事內局員、幕僚、陸海軍大臣等為其主要成員，參謀總長熾仁親王為其幕僚長，陸軍參謀川上操六兼兵站總監（聯勤總司令）。此外，尚有運輸通信長官部、野戰監督長官部、野戰衛生長官部等單位。(註八六)於設「大本營」之同日,動員廣島附近的第五師團之部分兵員組織「混成旅團」,以陸軍少將大島義昌為其旅團長,由該師團步兵第十一、二十一聯隊,步兵第五大隊第一中隊,野戰砲兵第五聯隊第三大隊,工兵第五大隊第一中隊,輜重及「兵站」之部分兵員組成。一週後,復動員第五師團之其他兵員,並重新加以編組,經日皇之裁可後遣往朝鮮。(註八七)如據明治二十六年(光緒十九年,一八九三)《密大日記》的記載,一個師團的戰時編制,其兵員共計約一萬八千五百人,馬五千五百匹。故日方於接到清廷可能同意朝鮮之請求派兵的消息後,即動員了如此龐大的武力,可見其在事情發生之初即準備與中國作戰,且懷必勝之心,欲將中國勢力排除於朝鮮之外。

五月一日(六月四日),杉村電告朝鮮政府已備具公文正式向清廷請援,派駐北京的臨時代理公使小村壽太郎則報告清廷自山海關動員一千五六百的兵員赴朝鮮,故陸奧乃令大島圭介即刻至外務省,當面傳達訓令,使其即刻返回任所。且言:「如有中國官員詢問日本出兵的理由,可答以因朝鮮國內亂,為保護使館與僑民,故根據天津條約第三款出兵。」又如駐漢城的外國使節問及出兵理由,則可答根據「濟物浦條約第五款,及天津條約第三款出兵」而並無他意。(註八八)翌日下午,大鳥與外務省參事官本野一郎,海軍軍令部第二局員海軍少佐安原金次同乘巡洋艦八重山丸,自橫須賀啓錨,六日下午進仁川港。(註八九)七日,進漢城。並由當時在仁川之松島、千代田,八重山、筑紫、大和、赤城諸艦之兵員合編一個陸戰隊,以護衛大鳥。(註九〇)

因陸軍之出兵計畫已完成，故其動員頗爲順利。陸軍省爲使其兵員之運輸作業能夠順暢，乃於向第五師團下動員令之前一日，向日本郵船株式會社簽約租賃十艘輪船，同時向大阪商船株式會社租賃兩艘小輪以爲釜山、仁川間的通信聯絡之需。（註九一）

就在國內忙著準備運輸兵員、物資前往朝鮮之際，大鳥卻於五月八日（六月十一日）電告陸奧，言：目前漢城平安無事，勿派大隊兵馬來，只須準備隨時都可動身即可。翌日，復電告已獲大島少將動身之消息。惟據當前漢城之形勢，如無正當理由，不宜有太多兵員進入，故請通知大島，在本公使下令之前，勿使兵員登陸。（註九二）十日，大鳥又向陸奧報告：如讓過多的部隊登陸，將會在外交上引起無謂的困擾。所以希望他與陸軍大臣商議，將此意轉告大島。（註九三）前文已說，日本陸軍早已覬覦朝鮮半島，且欲驅逐中國在該半島上之勢力以代之。所以當聞清廷有意應朝鮮政府之請遣兵代其戡亂之消息時，便立刻動員龐大兵力，及研擬如何才能戰勝中國。在此情形之下，無論陸奧也好，川上也好，當然不會同意大鳥的意見。

參謀本部原擬於五月七日完成動員第五師團的工作，然後分兩梯次開往朝鮮。惟因在一、二兩日間，北京公使館的武官神尾，曾先後報告清軍將於五月三日自山海關出發的消息。大本營恐清軍搶得先機，故不俟動員完畢，就先使其一個步兵大隊及一個工兵小隊先赴漢城。此一先遣部隊在步兵少佐一戶兵衛的指揮下，於五日自廣島之宇品港搭乘和歌浦丸，翌日拔錨，由軍艦高雄丸護衛，四日後在仁川港登陸，十日進入漢城，與大鳥所率陸戰隊換防。（註九四）

混成旅團的所有兵員原擬於五月七、八兩日分兩梯次出發，然因一戶等部分人員已先行動身，故有意提早一天前往。惟因時間匆促，準備不及，直到七日夜晚，近江、熊本、遠江、越後、酒田等五艘運輸船，方纔在旅團長大島義昌的統率下自宇品港出發，住之江、兵庫、仙臺、山城四輪於次日啓碇，十日趕上大島。他們在軍艦吉野丸的護衛下，於十三日抵仁川，完成混成旅團的運輸作業。（註九五）故他們抵仁川的時間，與葉志超、聶士成較之，僅晚四日而已。其在第二梯次出發時，有一個步兵中隊（約二四〇人，馬約一五匹）及一個步兵小隊，被分別遣往釜山與元山，以保護漢城以外地區的日僑，（註九六）所以並非整個旅團的兵力都集中在仁川。

由上述可知，日本自收到杉村有關清廷可能應朝鮮之請，出兵代戡民亂的消息後，便立刻召開內閣會議，決定日本也要出兵而研討戰勝中國的策略，並動員足以戰勝清軍所需之陸海軍兵員與物資，並在不及兩週的時間裏，就把那些部隊集結到可能作戰的地點。其反應之迅速與動作之敏捷，與李鴻章較之，實有霄壤之別。更值得注意的是當時的日本軍部爲動員這些部隊，竟設組織龐大的大本營以進入戰時體制，可見他們在發佈動員令之際，便有意藉機發動戰爭，從而將中國勢力驅逐於朝鮮之外。

當第五師團的兵馬開赴朝鮮以後，日本軍部不僅爲後送糧食及其他軍需問題大肆張羅，更下令第六師團以演習方式儘速完成動員作業。與之同時，也還設野戰醫院，組織拆除城堡大隊，徵調獸醫，架設自釜山至仁川的軍用電話線，以及遣人實際調查釜山、漢城間的地形是否與輿圖所記載者有出入。（註九七）另一方面，日方對清軍動態的調查作也做得非常徹底，無論陸軍或海軍，其一舉一動都完全爲那些諜報人員所掌握，故日方處處都把握了制勝先機，（註九八）於六月二十三日（七月二十五日）在豐島外洋偷襲中國船艦之前，已完成其發動大規模戰爭的一切戰鬪準備。

六、中日兩國同時撤兵問的交涉

葉志超、聶士成所率部隊於五月九日前後在牙山完成登陸。葉提督登陸後即電請屯駐蘆臺的部隊開往朝鮮而獲李鴻章之同意，故運輸船海定號於同月十八日自牙山返抵大沽後，即搭載武毅軍之步隊及古北口練軍馬隊之部分兵員四百，於二十日駛至牙山外洋，翌日完成登陸，當時清廷集結於牙山、公州一帶的陸軍約有二千八百名，大砲八門。（註九九）惟當這些部隊抵朝鮮時，全州府已爲兩湖招討使洪啓薰所收復，故原應朝鮮政府之請代戡民亂的任務已經消失，其藉清廷之派兵而以保護使館、僑民作口實抵朝鮮的日本陸軍之大部隊，也同樣喪失進兵的理由。但因日軍仍陸續開抵仁川、漢城一帶，致驟然間提高了朝鮮境內的緊張局勢。

大鳥圭介返漢城任所之前，臨時代理公使杉村濬已獲其外務大臣陸奧宗光的訓令，將日本出兵之事分別通知朝鮮統理衙門與袁世凱。統理衙門督辦趙秉稷接此通知後，即遣主事李鶴圭至日本公使館詰問其出兵理由。杉村雖至統理衙門說其出兵目的在保護使館與僑民，但趙氏言：

漢京現甚安靜，不宜有他國兵丁調來京內，至人心騷動。……杳前時南道教匪猖獗，都下稍起謠疑。近日該匪回守全州，迭經創挫，氣勢漸促。我都下因而人心甚安，毫無驚擾，早爲各國人所共諒。如貴國兵丁當此甚安無驚之時，忽而調來護館，詎非于已安之地而故擾之乎？于無警之際而故擾之？且漢京爲我國輦轂重地，又爲各國玉帛所會，固應各求安堵，毋涉險慮。今貴兵丁無故調來，都下人心必至大騷，各國人民均生疑慮。萬一有奸人藉端生事，是因貴兵丁之來，置我都城于險地，非我政府及本督辦之所望也。(註一〇〇)

而責其無故調兵至漢城之非，並言萬一因而使漢城瀕臨危險，其咎在於日本。又言：

貴政府素明時局，向敦友睦，應不願置我都城于險地。況乙酉夏間，貴護館兵丁撤回後，本衙門曾令各國駐京使員商訂章程，各公館保護之事宜由本衙門主之。該章第二條：如遇有事，加派四十人嚴加護衛。久經允照各在案。縱或漢城有所危險，亦應由本衙門派兵護衛。況值此京內毫無危險，本無所用其護衛乎！如貴兵來護，反使人驚疑。至一城涉于危險之境，其得失利害瞭然可判，即望貴代理公使電達貴政府，以各項詳細情形，即施還兵之事，以敦友睦，免生枝節，至切盼禱！(註一〇一)

而要求其撤兵。因杉村所奉訓令，係要根據濟物浦條約第五款來通知日本出兵之事，故除根據此一條文來反覆說明日本的出兵理由外無他法。且言趙氏所謂「是因貴兵丁之來，置我都城于險地」一事爲出其意料之外，更認爲趙氏所述各情絕無是理。至稱「即施還兵之舉」一節，則因已奉日本政府札飭，于今難勉同尊意」(註一〇二)而拒絕朝鮮之退兵要求。

袁世凱於接獲杉村之日本亦將派兵之通知後，即遣其翻譯官蔡紹基赴日使館，質問其出兵理由及日軍的登陸地點。杉村除言根據天津條約出兵外，並說其登陸地點爲仁川。袁兵雖督促統理衙門向日方提出抗議及詰責杉村，但杉村只言自己僅是奉命行事，並無討論可否出兵之權限，致雖經幾次交涉，均屬徒勞。當時，袁氏雖曾想利用各國駐漢城的使節向日本施壓，使之退兵，惟外交使節團之組織力薄弱，只好作罷。(註一〇三)

就在趙秉稷要求日本退兵之際，大鳥圭介於五月七日上午四時，隨帶護衛水兵前後共約四百名，自陸路赴漢城，分五十名帶砲四尊，由順明小輪前往京師。(註一〇四)故趙氏乃於八日訪大鳥，提出與前此向杉村所提相同之抗議。並據兩湖招討使的公報，正式向大鳥報告東學匪亂已於本月平定。(註一〇五)因此，大鳥曾分別於八、九、十日，一連三天，電告陸奥，謂漢城平穩，請延緩大隊人馬出發的時間，並請轉告大島，如無正當理由，勿使太多兵員登陸。在本公使下令之前，也勿讓士兵上岸。否則，將會給外交帶來許多困擾。所以除他所認爲之必需人員外，均使其退至對馬島，而此事亦請與陸軍大臣商議後訓令大島。(註一〇六)大鳥又言：全羅道的暴徒已經敗北，清兵亦未至漢城。在此情形下無須派大兵來保護使館、僑民，否則將使中、俄及其他國家產生疑慮而各遣兵員至朝鮮。除非日本政府有意達成出兵的目的之初衷，否則在外交上它必造成傷害。(註一〇七)然陸奥卻言其部隊於八日動身，現已無能爲力。惟除一戶兵衛所率先遣部隊須至漢城，與前此抵該地之陸戰隊換防外，其餘兵員則可根據貴公使的意見屯駐仁川聽候發落。(註一〇八)外務、陸軍兩省雖姑且同意大鳥的意見，而大鳥也將此事轉告大鳥，但陸奧在十一日竟又言：使大鳥的部下長期停留在仁川，不僅將失去進入漢城的機會，而且將無所事事，徒勞往返。所以要大鳥找尋更好的進軍藉口與理由，並將它電告於他。(註一〇九)

大鳥之所以極力反對其混成旅團登陸，除當時的客觀情勢不利於日本外，也爲袁世凱所提中日兩國同時撤兵的意見所動。(註一一〇)五月八、九兩日，袁氏與大鳥兩次會談，袁氏首先問大鳥，日本出兵的目的何在？大鳥答：除保護使館、僑民外別無他意。袁氏乃婉轉的與他商議撤兵問題。大鳥言：「今到仁川之八百兵員，來漢城暫駐即撤。現在漢城之水師兵，候八百人即回船；續來者毋登岸，原船回日。未發者即電阻，華亦不加兵來漢。」袁氏謂：「韓事已漸平，我兵擬早撤，以免暑雨。如聞日遣大兵，自將加兵前來。因相防，必生嫌。倘韓、西人伺隙簸弄，或西人亦多來兵候收漁利，不但韓危，在華、日亦必有損。」「華、日睦，亞局可保，倘生嫌，徒自害。」「我輩奉使，應統籌全局以利國，豈可效武夫幸多事？我深知必無利，故尚未調一兵來漢。」袁氏勸大鳥在漢城少駐兵員。大鳥答稱：「我廷原派實不止八百，況一隊一將未便分駐仁。韓匪聞貴軍至，雖逃散，兵仍未解。待事定，即全撤，必不久留。」大鳥又言：「接津電，聞華發兵兩千來漢。如然，恐彼此撤去又須時。」袁氏則說：「我廷聞爾遣大兵，或將加兵來漢。果汝能阻續來兵，我亦可電止加派。」(註一一一)因此袁氏與大鳥約定：日本除八百兵外將盡阻之，袁氏則亦將電阻中國加兵。

因袁氏與大鳥的意見一致，所以乃示意趙秉稷，要求正式發佈東學黨之亂已平定之消息，並行文要求清廷撤兵。趙氏據此，乃於五月十日，以議政府照會方式要求中國撤兵。（註一一二）因要求日本撤兵須以請中國撤兵爲前提，故總理府於要求清廷撤兵之次日，向大鳥提出同樣的要求。（註一一三）如據《李鴻章全集》〈電稿〉所錄同月十四日酉刻到達的袁氏電報，則袁氏與大鳥所約定中日雙方撤兵的方式是：

倭續來其到仁（川）者，稍憩即回；華停加兵。倭在漢千兵，即往仁川，撥四分之三定期撤回，留四分之一計二百五十駐仁；華在牙二千兵，撥五分之四同期撤，留五分之一計四百移駐附近處，均俟匪清一律撤。

因日方文獻未記載大鳥將此協商結果向陸奧報告之事，故大鳥可能未向其本國提出報告。由於陸奧等不知個中情形，而一再接獲大鳥要求撤兵之電文，乃於十日命其說明要求撤兵的理由。（註一一四）因大鳥所言撤兵之理由與上述者無甚差異，故對外務、陸軍兩省之處心積慮的欲藉機引發戰爭者而言，當然不具任何說服力。大鳥雖固執於陸奧給他的訓令內容，似有意以和平方式解決撤兵問題，但其書記官杉村卻持與他不同的意見，而擬對朝鮮和袁氏施壓，藉此排除鮮廷排日的閔氏勢力，造成有利於日本的環境，從而排除清廷在朝鮮的勢力，故乃向陸奧上言他有關此一方面的看法。（註一一五）就日本軍方而言，其出兵的企圖與目標既如前述，當然不會輕易放棄此一遣軍良機的。

袁氏與大鳥雖爲中日共同撤兵問題協商而獲得上述結果，但大鳥卻言：「未奉倭廷命辦，撤事不敢自定。彼此先擬文章，派參贊乘快船赴倭商告。候復電，即定約，須五六日。」（註一一六）由於陸奥、川上等人一心一意的想引發戰爭，所以當然不會同意大鳥的作法。兩日後，袁氏向李鴻章報告他「與大鳥雖訂此保華不加兵，倭兵續到不下岸。嗣又改說輪流下，不帶械。今（十五日）到全下，並下械。」而認爲在此談商無濟於事，故請示可否請汪公使在日本協商？（註一一七）有關撤兵的問題，此後不但沒有進展，日軍反而不斷增多。其續到兵員也非僅「未稍憩即回」，竟「卸完船回」，致袁氏歎謂：「現漢城人心鼎沸，莫可遏止。」「惟望中國阻退日兵。倘日在仁之四千兵又來漢，漢必逃空，韓王恐亦逃往北」。「漢聞已密備逃，果爾必大亂」，（註一一八）而放棄了協商撤兵的問題。

大鳥自日返任後，雖因見朝鮮的民亂已平而力主撤兵，且曾一度與袁氏商妥中日同時撤兵的方式，但在數日後竟改變態度，同意日軍不斷的開進朝鮮境內。其態度之所以遽變的原因雖猶待考證，但此事或許與受其書記官杉村濬等主戰論者的影響有關。

七、結　語

有關撤兵的交涉失敗後，日本不僅仍繼續不斷的佈署戰爭，而且復向清廷提出由中日兩國共同改革朝鮮內政，及向朝鮮提出其自行架設釜山、漢城間的軍用電話線路等問題而一再逞其橫暴之能事。其間，雖爲撤兵等問題，俄、英、美、義等國家出面調停，卻不爲日本所接受而徒勞無功。

由於撤兵問題無法解決而朝鮮戰雲密佈，故清廷對李鴻章之一味迴避戰爭，未作適當的軍事佈署深感不滿。清廷內部雖有戰和之爭，但軍機處認爲和議不足恃，遂於六月十四日訓令李氏急速增派宋慶、左寶貴等的部隊趕赴朝鮮，並妥籌旅順、大連灣、威海衛等沿海衝要處。（註一一九）惟這些事情尚未獲得妥善安排時，日本海軍竟於同月二十三日（七月二十五日），在豐島海面突襲中國軍艦，戰端遂開。

中日甲午之戰的爆發，並非偶發事件，日本之蓄謀挑起對華侵略戰爭，由來已久。此時猶如福澤諭吉所言：「百卷萬國公法，不如數門大砲；幾册友好條約，不如一筐彈藥」（註一二〇）似的，明治政府成立以後即推動對外侵略，而其侵略的矛頭則主要指向中國。爲此，它改革軍制，長期擴充戰備。光緒二十年，明治政府利用東學黨之亂，採欺騙手段，誘使清廷派兵入朝鮮，從而爲自己大規模出兵製造藉口，以促成中日兩國直接開戰。與之同時，它還在外交上縱橫捭闔，無所不用其極，一則欺騙麻痺清廷，以使其相信和局可保，一則分化、拉攏西方列強，使其默許、支持日本的侵略戰爭。（註一二一）此事一如陸奥宗光所說：「我政府的妙算在於外交採被動，軍事常先機制敵」，（註一二二）在外交上儘量假裝被動而讓中國主動，以欺騙列強；在軍事上則採取迅雷不及掩耳的手法，先發制人，使外交追隨軍事的進展。而前文所說杉村濬之於是年四月二十九日（六月二日），力促袁世凱迅速遣兵代朝鮮戡亂，及日本軍部聞清廷有意出兵以應朝鮮之請求，就立刻從事戰鬪部署，即是好例。故對中國而言，這次戰役完全是反侵略的自衛戰爭，其性質是正確的。（註一一三）

註釋：

註一：李迺揚，《韓國通史》（臺北，學生出版社，民國三十九年八月），頁八三。

註二：江華條約第一條條文。

註三：王信忠，《中日甲午戰爭之外交背景》（永和，文海出版社，民國五十三年一月），頁七〇。

註四：明治十八年（一八八五）二月二十四日，〈太政大臣三條實美訓令〉。

註五：《清光緒朝中日交涉史料》（永和，文海出版社，民國五十九年十二月，再版），卷七（三四二），〈北洋大臣來電〉；（三四五）〈軍機處寄李鴻章〉。以下簡稱《中日交涉史料》。

註六：《中日交涉史料》，卷八，（三四七）〈附件〉三，李鴻章與日使伊藤博文之約款三條；〈附件〉四，李鴻章照會日使伊藤文稿。〈伊藤大使復命書〉。顧廷龍、葉亞廉編，《李鴻章全集》一，〈電稿〉一（上海，上海人民出版社，一九八五年六月），光緒十一年三月初五日巳刻，李鴻章〈寄譯署〉。以下簡稱《全集》。

註七：李迺揚，前舉書頁八九。

註八：同前註書頁八一。

註九：鄭樑生，《日本通史》（臺北，明文書局，民國八十二年十二月），頁四四六～四四七。李迺揚，前舉書頁九〇～九一。大久保利謙，〈日清戰爭前後〉，收錄於《圖說日本の歷史》一五（東京，集英社，昭和五十一年六月），頁一二五。

註一〇：田保橋潔，《近代日鮮關係の研究》，下卷（東京，宗高書房，昭和四十七年九月，複印本），頁二一七。

註一一：註八所舉大久保利謙之論文。

註一二：《東學黨匪亂史料》〈聚語〉。

註一三：同前註。

註一四：鄭樑生，《日本通史》，頁四五〇～四五一。註九所舉大久保利謙之論文。

註一五：《日省錄》，李太王癸巳年三月二十五日條。

註一六：《全集》二，〈電稿〉二，光緒二十五年五月初一日巳刻，李鴻章〈寄譯署〉。杉村濬，《明治廿七八年在韓苦心錄》（昭和七年），頁三～五。以下簡稱《在韓苦心錄》。

註一七：《全集》二，光緒二十年四月二十八日酉刻，李鴻章〈寄譯署〉。《中日交涉史料》，卷一三，（九四九）光緒二十年四月二十九日，《北洋大臣李來電》。

註一八：同前註。

註一九：同前註。

註二〇：《全集》二，光緒二十年五月初一日巳刻，李鴻章〈寄譯署〉。

註二一：《全集》二，光緒二十年五月初一日辰刻，李鴻章〈寄譯署〉。《中日交涉史料》，卷一三，（九五三）同年同月同日條。田保橋潔，前舉書頁二八〇～二八一。

註二二：《日省錄》，李太王甲午年五月一日條。

註二三：《全集》二，光緒二十年五月初一日辰刻，李鴻章〈寄譯署〉。

註二四：鄭樑生，《日本通史》，頁四四七。

註二五：大久保利謙，前舉論文頁一三七。

註二六：李迺揚，前舉書頁八七。

註二七：同前註。

註二八：同前註。

註二九：《清德宗實錄》，卷一九六，光緒十年十月壬申朔乙未、己亥、庚子；卷一九七，同年十一月辛丑朔乙巳、戊己、庚戌、壬子；卷一九，同年十二月辛未朔甲戌、辛亥各條。《全集》二，光緒二十年二月二十三日戌刻；同月二十四日未刻；二十五日辰刻，李鴻章〈寄譯署〉。

註三〇：陸奥宗光，《蹇蹇錄》（東京，岩波書店，一九九二年九月，三版），頁二三。

註三一：杉村濬，《在韓苦心錄》，頁二三。

註三二：外務省，《日本外交文書》，第二十七卷第二冊（東京，社團法人日本國際連合協會，昭和二十八年三月），明治二十七年五月二十二日（四月十八日），朝鮮國駐箚臨時代理公使ヨリ陸奧外務大人宛〈全羅、忠清兩道，民亂ニ付愚見上申ノ件〉。機密第六十三號本四二，五月二十八日接受。

註三三：同前註。

註三四：陸奧宗光，《蹇蹇錄》，頁二四。

註三五：《參謀本部文書．參謀本部歷史草案》，明治二十七年六月二日（四月二十九日），乙，〈朝鮮出兵閣議〉條。參謀本部，《明治廿七八年日清戰史》〈出兵事情〉。

註三六：參謀本部，《明治廿七八年日清戰史》〈出兵事情〉。

註三七：《參謀本部文書．參謀本部歷史草案》，明治廿七年六月（二）日〈敕語〉。

註三八：陸奧宗光，《蹇蹇錄》，頁二五。

註三九：外務省政務局，《日清韓交涉事件記事》（明治二十七年十月）。外務省，《日本外交文書》，第二十七卷第二冊，（五〇七）六月四日（五月一日），陸奧外務大臣ヨリ朝鮮駐箚大鳥公使（賜假歸國中）宛〈朝鮮事件ニ關スル措置訓令ノ件〉。（明治廿七年六月四日大鳥公使ニ交付ス）

註四〇：戚其章等，《中日戰爭》資料，一（北京，新華書店，一九八九年三月），〔一〇〕光緒二十年五月初八日到〈北洋大臣李鴻章奏日使大鳥率槍隊來漢城電〉。

註四一：田保橋潔，前舉書下卷，頁二八一～二八二。

註四二：同前註書。頁二八二。

註四三：川崎三郎，《日清戰史》，卷一（東京，博文館，明治三十年十一月），頁一六三～一七〇。

註四四：《全集》二，光緒二十年四月初四日申刻，李鴻章〈寄譯署〉。

註四五：《全集》二，光緒二十年四月二十一日未刻，李鴻章〈寄譯署〉。

註四六：同前註。戚其章等，《中日戰爭》一，光緒二十年四月二十一日，〈北洋大臣李鴻章奏爲朝民反抗朝王未請派似未便輕動電〉。

註四七：《全集》二，光緒二十年五月初一日辰刻，李鴻章〈寄譯署〉。外務省，《日本外交文書》，第二十七卷第二冊，(五〇三) 六月三日（四月三十日），機密號外，朝鮮國駐箚杉村臨時公使ヨリ陸奥外務大臣宛〈清國政府ニ對スル朝鮮國政府ノ援兵請求ニ關スル袁世凱トノ談話報告ノ件〉。

註四八：海軍軍令部，《廿七八年海戰史》，頁四一～四二。

註四九：《全集》二，光緒二十年五月初二日未刻，李鴻章〈寄山海關葉軍門〉。《清德宗實錄》，卷三四一，光緒二十年五月丁丑朔戊戌條。

註五〇：《全集》二，光緒二十年五月初八日辰刻，李鴻章〈寄譯署〉。註四八所舉書頁八〇～八一。

註五一：《全集》二，光緒二十年五月初三日辰刻，李鴻章〈寄譯署並葉軍門袁道〉。《中日交涉史料》，卷一三，同年同月同日〈北洋大臣來電〉。

註五二：轉引自田保橋潔，前舉書下卷，頁二八七～二八八所引《日案》，卷二八，甲午年六月十八日到統理衙門大鳥公文附屬書，及川崎三郎，《日清戰史》，卷一，頁一七一～一七二。

註五三：同前註。

註五四：同前註。

註五五：《全集》二，光緒二十年五月初五日巳刻，李鴻章〈寄譯署〉。；同年同月初六日午刻，同上。

註五六：《全集》二，光緒二十年五月初九日酉刻，李鴻章〈寄譯署〉。

註五七：同前註。同前註書，同月初十日午刻，李鴻章〈朝鮮漢城速寄葉軍門〉。

註五八：《全集》二，光緒二十年五月初十日申刻，李鴻章〈朝鮮漢城速寄葉軍門〉。

註五九：《全集》二，光緒二十年五月二十日辰刻，李鴻章〈復譯署〉。

註六〇：《全集》二，光緒二十年五月二十二日申刻，〈葉軍門來電〉。

註六一：《全集》二，光緒二十年五月二十二日申刻，〈林鎮來電〉。

註六二：《全集》二，光緒二十年五月二十二日戌刻，李鴻章〈復劉公島丁軍門〉。

註六三：《全集》二，光緒二十年五月二十四日午刻，李鴻章〈寄譯署〉。

註六四：《全集》二，光緒二十年五月二十七日辰刻，〈丁軍門來電〉；二十九日辰刻，〈寄烟臺遞旅順宋軍門〉。

註六五：《全集》二，光緒二十年五月二十七日申刻，李鴻章〈寄劉公島丁提督並南洋臺灣閩粵各督撫〉。

註六六：《全集》二，光緒二十年六月初三日酉刻，李鴻章〈寄譯署〉。
註六七：《全集》二，光緒二十年六月十四日辰刻，〈寄瀋陽裕幷左統領〉。
註六八：《全集》二，光緒二十年六月十四日巳刻，李鴻章〈寄譯署〉。
註六九：同前註。
註七〇：《全集》二，光緒二十年六月十四日申刻，〈寄譯署袁道〉；酉刻，李鴻章〈寄譯署〉。《中日交涉史料》，卷一四，（一一四二）光緒二十年六月十二日，〈北洋大臣來電〉；（一一五八）六月十四日，〈北洋大臣來電〉。
註七一：田保橋潔，《近代日鮮關係の研究》，下卷，頁四二一。
註七二：《全集》二，光緒二十年六月十八日辰刻，〈葉提督來電〉。
註七三：同前註。
註七四：《全集》二，光緒二十年六月十九日申刻，李鴻章〈寄譯署〉。《清德宗實錄》，卷三四二，光緒二十年六月丙午朔丁巳、戊午各條。
註七五：外務省，《日本外交文書》，第二十七卷第二册，（四九七）明治二十七年五月二十二日，朝鮮國駐箚杉村臨時代理公使ヨリ陸奥外務大臣宛〈全羅忠清兩道ノ民亂ニ付鄙見上申ノ件〉。機密第六十三號本四二。
註七六：松下芳男，《日清戰爭前後》（東京，白揚社，昭和十四年十二月），頁一一〇～一一一。

註七七：《中日交涉史料》，卷一三，〔九四九〕光緒二十年四月二十九日〈北洋大臣來電〉。

註七八：同前註書，〔九五四〕光緒二十年五月初一日〈北洋大臣來電〉。杉村濬，《在韓苦心錄》，頁三～五。

註七九：陸奧宗光，《蹇蹇錄》，頁二四。

註八〇：同前註書頁二四～二五。《參謀本部文書・參謀本部歷史草案》，明治二十七年六月二日（四月二十九日）〈朝鮮出兵閣議〉。

註八一：林董，《後は昔の記──林董回顧錄》（東京，平凡社，昭和五十年八月），頁七五。水野明，《日中關係史概說》（名古屋，中部日本教育文化會，昭和六十二年十二月），頁九八。

註八二：林董，前舉書頁七五～七六。松下芳男，《日清戰爭前後》，頁一一二～一一三。

註八三：同前註書頁一一三～一一四。

註八四：同前註書頁一一四。

註八五：《參謀部文書・參謀本部歷史草案》，明治二十七年六月二日（四月二十九日）〈敕語〉。

註八六：陸軍省，《明治軍事史》，上（東京，原書房，明治四十一年三月），頁九〇五。按：《戰時大本營條例》公佈於本年四月十八日（五月二十二日）。

註八七：陸軍省，《明治軍事史》，頁九〇六。

註八八：外務省政務局，《日清韓交涉事件記事》，明治二十七年十月，機密送第十九號，〈朝鮮國へ兵員派遣ニ付大鳥公使〈訓令〉。陸奥宗光，《蹇蹇錄》，頁二五。

註八九：海軍軍令部，《廿七八年海戰史》，上，頁三八～四二。

註九〇：同前註。

註九一：川崎三郎，《日清戰中》，卷一，頁九六。

註九二：外務省政務局，《日清韓交涉事件記事》，別紙第二號，六月十一日（五月八日），〈大鳥公使ヨリ外務大臣宛，電報〉；別紙第三號，六月十二日，〈大鳥公使ヨリ外務大臣宛ノ電報〉。

註九三：同前註書，別紙第四號，六月十三日，〈大鳥公使ヨリ外務大臣宛ノ電報〉。

註九四：田保橋潔，前舉書下卷，頁三〇三。

註九五：川崎三郎，《日清戰史》，卷一，頁九五～九六；〈附錄〉九。

註九六：同前註書卷一，〈附錄〉一一～一二。

註九七：《明治廿七八年日清戰史》，卷一。參看參謀本部，《日清戰役電報綴》（明治二十七年六月二十一日～七月九日迄），朝密第三、八、三〇、三七、五七、五八號密令；經四二號；秘號外二二、七二、二四四、二六八號電報（原件）。

註九八：參看《日清戰役電報綴》（明治二十七年六月二十一日～七月九日迄）。

註九九：《日清戰史》，頁八二～八三。

註一〇〇：田保橋潔，前舉書下卷所引《日案》，案二八，甲午年五月五日所錄督辦第九號公文，〈大朝鮮督辦交涉通商事務趙照會大日本臨時代理公使杉村〉書。

註一〇一：同前註。參看《全集》二，光緒二十年五月初六日午刻、申刻，李鴻章〈寄譯署〉。

註一〇二：註一〇〇所舉《日案》，同卷同年五月六日，〈大日本臨時代理公使照會大朝鮮督辦交涉通商事務趙〉書。

註一〇三：《中日交涉史料》，卷一三，〔九六三〕光緒二十年五月初五日〈北洋大臣來電〉；〔九六七〕光緒二十年五月初六日〈北洋大臣來電〉；〔九六九〕光緒二十年五月初六日亥到〈北洋大臣來電〉〔九七五〕光緒二十年五月初八日〈北洋大臣來電〉。杉村濬，《在韓苦心錄》，頁六～七。

註一〇四：《全集》二，光緒二十年五月初十日午刻，李鴻章〈寄譯署〉。

註一〇五：杉村濬，《在韓苦心錄》，頁一〇。

註一〇六：外務省政務局，《日清朝交涉事件記事》，別紙第二、三、四、五號文書，六月十一（五月初八）、十二、十三日，〈大鳥公使ヨリ外務大臣ヘノ電報〉。

註一〇七：同前註書，別紙第六號，六月十六日（五月十三日），〈駐箚朝鮮國公使大鳥公使ヨリ外務大臣宛電報〉。

註一〇八：同前註書，別紙第八號，六月十二日，〈外務大臣ヨリ大鳥公使ヘノ電報〉。

註一〇九：同前註書，別紙第九號，六月十三日，〈外務大臣ヨリ大鳥公使ヘノ電報〉。

註一一〇：田保橋潔，《近代日鮮關係の研究》，下卷，頁三一七。

註一一一：《全集》二，光緒二十年五月初十日午刻，李鴻章〈寄譯署〉。《中日交涉史料》，卷一三，(九八六)同年同月同日〈北洋大臣來電〉。

註一一二：《全集》二，光緒二十年五月初十日申刻，李鴻章〈朝鮮漢城速寄葉軍門〉。《中日交涉史料》，卷一三，(九九〇)同年同月同日〈北洋大臣來電〉。

註一一三：前舉《日案》，甲午年五月十一日，〈大朝鮮督辦交涉通商事務趙照會大日本特命全權大使大鳥〉。

註一一四：外務省政務局，《日清朝交涉事件記事》，別紙第十、十一號文書。

註一一五：杉村濬，《在韓苦心錄》，頁一〇~頁一一。

註一一六：《全集》二，光緒二十年五月十四日酉刻，〈袁道來電〉、〈復朝鮮袁道〉；戌刻，〈汪使來電〉。

註一一七：同前註書，五月十六日巳刻，李鴻章〈寄譯署〉。

註一一八：同前註。

註一一九：《清德宗實錄》，卷三四二，光緒二十年六月丙午朔丁巳、戊午、己未各條。

註一二〇：福澤諭吉，《福澤諭吉全集》(東京，國民圖書株式會社，大正十五年三月)第四卷，〈通俗國權論〉，頁一一九。

註一二一：戚其章等，《中日戰爭》，一，〈前言〉，頁一。

註一二二：陸奧廣吉，《伯爵陸奧宗光遺稿》(東京，岩波書店，一九二九)，頁三一〇。

註一二三：戚其章等，《中日戰爭》資料，一，〈前言〉，頁一。

乙未割臺始末——一八九四～一八九五

一、前　言

日本於一八六八年成立明治政府後，即有併吞朝鮮之決心，故其外交政策在此一方面遂日益強硬。先是日本政府在朝鮮爆發東學黨之亂以後，決定取被動地位，李鴻章卻以持久屈之，暗中策動各國公使，時出干涉。況清兵在牙山，外人並不甚注意，而日軍在漢城，各國都認其妄開事端，多同情於中國。當時日本駐漢城公使大鳥圭介，電其政府，言出兵之不利。但日本軍人，尤其陸軍軍人跋扈，窮兵黷武，決不輕易撤退因此民亂，藉口保護僑民而派遣至朝鮮之一師混合部隊。故其政府遂放棄被動政策，改為積極的主動。主張由中、日兩國共同調查朝鮮內政，淘汰中央與地方官吏，設警備兵，以保朝鮮國內安寧等條件，照會中國；清廷則以朝鮮變亂既平，何談鎮壓，清國不干預朝鮮內政，日本素認朝鮮的自主，則更無干預其內政之權，重申請其履行天津條約，加以反駁。

日本既以先發制人，清廷已不能以拖延交涉，制止其軍事行動。當時英、俄兩國也從中斡旋，時或恫嚇，而美國政府亦曾提出忠告，但日本的備戰，愈加積極。於是英國知中、日兩國的戰機已熟，遂令其駐日臨時代理公使巴健特（Palphs Paget）向日本政府提出：「今後清、日兩國若不幸而至於開戰，上海為英國在遠東的權利中心，望日本政府勿以上海作戰場」的要求。

二、中日兩國之出兵朝鮮

1朝鮮請清軍代戡民亂：

朝鮮在其哲宗朝（一八五〇～一八六三），有慶尙道慶州人崔福述者，鑑於西教流行，遂混合儒、佛、仙三教，以「侍天主造化定永世不忘萬事知」十三字為咒，創「東學」，每日扶亂降神，其徒夜必捧明水，祈禱國泰民安。福述自稱「神師」，與西方教的耶穌基督相比。哲宗末年，終以邪說惑眾被誅。（註一）

李太王三十年（一八九二），福述門徒崔濟愚，上疏請伸師冤建祠，眾議處斬，濟愚駭走。但聚黨設寨樹旗，號召遠近，其勢猖獗。時古阜郡守趙秉甲，經理使閔泳駿，以聚斂之才，專寵於上，扶植爪牙於地方，私徵米穀，出海行販，民不堪擾。因此，鄉長孫化中，鄉民金介勇等，都紛紛以東學黨魁，揭竿而起，一呼萬應。古阜、扶安、興德等郡，聯絡數十營屯，搶奪軍械，闖入公堂，毆辱官長。更破獄放出囚犯，刼掠倉庫，搗毀轉運營。旬日之間，湖南各地，糾合數萬，稱霸全州，監司金汶鉉棄城而逃。

此一事件的發生雖與東學無直接關聯，但其領導階層多東學幹部，爲使農民集團化而利用了東學的組織網。農民軍於五月十二日在黃土峴擊敗約千名的政府軍與褓商軍，南下茂長、靈光等地而奪取軍器，釋放獄囚，驅逐貪官污吏。（註二）

朝鮮政府因黃土峴之敗，與三南各地發生暴亂，乃命全羅兵使洪啓薰爲兩湖招討使，率壯衛兵二大隊往剿；再派嚴世永爲廉察使招撫，俱無效。由於東學黨的勢力日漸擴大，向官紳清算舊仇，毀其住宅，刼其婦女，索回被侵佔之家產；其甚者大捕貪官污吏，割其勢，呼之爲「剪惡種」。不數日，各地烏合響應，禍及京畿、江原、慶尙各道，鮮廷束手無策。（註三）

當時東學黨徒聲言，北上京師，掃清君側，待全州的陷報傳來，鮮廷大震，遂向駐韓總理交涉通商事宜袁世凱告急，請遣兵代爲戡亂。袁氏在同意代戡之前，曾顧及日本的態度問題。因天津條約第三款雖言：「將來朝鮮國若有變亂重大事件，中日兩國或一國要派兵，先互行文知照；及其事定，仍即撤回，不再留防。」而無華派日亦派之文字，卻有因此誘發日本亦派兵之虞，故此事可能使袁世凱對派兵有所顧忌。（註四）如據當時日本駐漢城臨時代理公使杉村濬之言，則他曾於四月二十九日，使其記錄官——華語通事鄭永邦探聽中國遣兵之眞僞。次日，則親自往謁袁世凱，探詢朝鮮請中國派兵交涉之始末，並表明中國如遣兵，日本亦將派兵保護僑民之意。因袁氏反對日本出兵，杉村遂言此爲其空想，請袁世凱勿慮之語來搪塞，然後顧左右而言他。（註五）然袁世凱似未察覺杉村眞意，故除要求鮮廷備具公文來請外，復於五月一日將此事電告北洋大臣李鴻章。李鴻章將此電文轉達總理各國事務衙門。(註六)於是清廷派葉志超、聶士成等，率軍艦濟遠、揚威等五艘，載兵五營，五月一日從威海衛出發，三日抵忠清道牙山灣，六日登陸；三艦入仁川。鮮廷命李重夏為迎接官，前往款待。(註七)這使一向對朝鮮虎視眈眈的日本，亦遣大軍至朝鮮，伺機向中國尋釁，挑起事端，終於引發甲午戰爭。

2日本的備戰：

前此四月二十九日(六月二日)，日本駐漢城臨時代理公使杉村濬，於獲知中國有意答應鮮廷要求，遣軍助戡東學農民之亂後，乃將此消息電告外務大臣陸奧宗光。陸奧即於同日召開的內閣會議席上，將該電報展示於各閣員之前，言無論中國以何種名義出兵，日本也非派與之相當的兵力以備不虞，及保持中、日兩國在朝鮮的勢力均衡不可。(註八)因無人反對，首相伊藤博文乃立刻傳令參謀總長陸軍大將熾仁親王，參謀本部次長陸軍中將川上操六兩人與會，會中決定以保護使館、僑民名義出兵，(註九)兵力則根據川上的主張，定為一個「混成旅團」。(註一〇)同日，日皇睦仁下詔給陸、海軍大臣，及陸軍參謀總長、海軍軍令部長，要他們協助遣兵事宜。(註一一)亦即日本當局在聽到朝鮮擬請清兵協助戡亂，而清廷有意遣軍助戡，但尚未付諸實施之前，就已積極部署派兵，其所動員的兵力，則以足夠戰勝清軍為原則。並且組織規模龐大的大本營，俾便指揮作戰。

日本決定派兵前往朝鮮後，陸奧宗光即令其返國渡假的駐漢城公使大鳥圭介，準備隨時可返任所的態勢，並與海軍協調，使大鳥搭乘軍艦八重山丸，及加載海軍兵員若干赴朝鮮；更發出訓令，使該艦及其所有乘員都歸大鳥指揮。陸軍參謀本部則命其第五師團團長野津道貫，準備由該師團派出將士若干（一個混成旅團）前往朝鮮。復密令日本郵船株式會社，及大阪商船株式會社，提供運輸兵員及軍用物資所需之輪船，將此事作最迅速之處理。（註一二）與之同時，陸奧又訓令大鳥公使，日僑如因朝鮮內亂而有危險之虞，及清軍至朝鮮之事確定時，要立刻電告他。並言：如發生上述兩種情況之一，日本即派兵。日、朝兩國間的關係，須根據光緒八年（明治十五年，一八八二）所簽訂濟物浦條約：「日本公使館得置衛兵」之條款；中、日兩國間的關係，則要根據光緒十一年簽訂之天津條約：「朝鮮國若有內亂重大事件，中、日兩國或一國要派兵，應先互行文知照」之條文來處理。（註一三）

因清廷遣軍赴朝鮮的消息，已先後分別由日本駐北京代理公使小村壽太郎，駐天津領事荒川己久，北京公使館武官陸軍步兵少佐神尾光臣等人向本國報告，故陸奧雖未獲清廷擬出兵之照會公文，竟催大鳥速返任所；更與海軍大臣陸軍中將西鄉從道，使軍艦八重山丸啓碇，俾使在陸軍抵朝鮮之前，海軍陸戰隊的兵員能夠進入漢城。（註一四）

參謀本部原擬於五月七日完成動員第五師團的作業，然後分兩梯次開往朝鮮。惟在一、二兩日間，神尾光臣曾先後報告清軍將於五月三日自山海關出發的消息。大本營恐清軍搶得先機，故不俟動員完畢，就先使其一個步兵大隊及一個工兵小隊先赴漢城。此一先遣部隊在步兵少佐一戶兵衛的指揮下，於五日自廣島之宇品港搭乘和歌浦丸，翌日拔錨，由軍艦高雄丸護衛，四日後在仁川登陸，十日進入漢城，與大鳥所率陸戰隊換防。(註一五)

由上述可知，日本政府自收到杉村濬有關清廷可能應朝鮮之請求，出兵代戡民亂的消息後，便立刻召開內閣會議，決定日本也要出兵，且研擬戰勝中國的策略，並動員足以取勝清軍所需之陸海軍兵員與物資，更在不及兩週的時間裏，將那些部隊集結於可能作戰的地點。其反應之速與行動之敏捷，與清廷較之，實有霄壤之別。值得注意的是當時的日本軍部在動員部隊之前即組織大本營，進入戰時體制，可見他們在發布動員令之際，即陰謀藉機發動戰爭，欲將中國勢力排除於朝鮮半島之外。不僅如此，日方對清軍動態的調查工作也做得非常徹底，無論陸軍或海軍，其一舉一動都被日方諜報人員所掌握，所以日方處處把握制勝先機，(註一六)於六月二十三日(七月二十五日)在豐島外海偷襲中國船艦之前，已完成發動大規模戰爭的準備。

3清廷的反應：

當袁世凱接到鮮廷遣兵助戡民亂之請求時，認爲中國如出兵而日本亦出兵，也只不過以保護使館爲藉口調派百餘兵，因他未瞭解該國自明治以來對朝鮮所懷之野心，所以纔向李鴻章報告說：

(朝鮮)京兵敗，械被奪，韓各軍皆破膽。昨今商派京兵及平壤兵二千人分往堵剿。王以兵少，不能加派，且不可恃爲詞，議求華遣兵代剿。韓歸華保護，其內亂不能自了，求華代戡，自爲上國體面，未便固却。頃已囑如必須華兵，可由政府具文來，即代轉電請憲核

辦等。如不允，他國人必有樂爲之者，將置華於何地？自必爲不可却之舉。（註一七）

袁氏又說：

> 待其（朝鮮）文至，應請轉總署，電飭汪（鳳藻）駐日使照（天津條約）行文外部，告以由韓所請。乙酉約，華、日派兵，只先行文知照，初無華派日亦派之文。日如多事，似不過藉保護使館爲名，調兵百餘名來漢（城）。然匪距漢（城）尚遠，日兵來，反騷動，韓外署應駁阻，各洋員尤不願日先自擾。頃日譯員鄭永邦，以其使令來詢匪情，並謂匪久擾，大損商務，諸多可慮。韓人必不能自了，愈久愈難辦，貴政府何不速代韓戡？（註一八）

由此觀之，袁世凱不僅未能洞察日本自明治以來對朝鮮所懷之企圖與野心，於接見杉村後，也未能聽出其言外之意。袁氏更云：

> 韓廷亦有此請，我政府冀其習戰自強，尚未核准。並探詢乙酉約，我如派兵，應由何處知照？鄭答：「由總署、北洋均可，我政府必無他意。」（註一九）

李鴻章於轉達此一電文後說：「鴻現候朝鮮政府文轉到，擬派葉（志超）提督選帶精隊千數百，乘商輪速往，並派海軍四艦赴仁川、釜山各口援護；一面電知汪使知照日（本）外部，以符前約」。可見無論袁世凱或李鴻章，不僅相信杉村濬的話，對鄭永邦的說詞也信以爲眞，未能覺察對方的意向與野心，至竟謂：「杉與凱舊好，察其語意，重在商民，似無他意云」。「鴻昨晤天

津日本領事，語意略同，告以韓請兵，勢須准行。俟定議，當由汪（鳳藻）使知照日（本）外部，事竣即撤回。」（註二〇）

當中、日兩國部隊抵朝鮮時，全州府已為兩湖招討使洪啓薰所收復，故原應朝鮮政府之請代戡民亂的任務已經消失，其藉清廷之派兵而以保護使館、僑民作口實抵朝鮮的日本陸軍之大部隊，也同樣喪失進兵的理由。因此鮮廷要求兩國撤兵。清廷雖同意撤兵，但日方竟提議由中、日兩國共同改革朝鮮內政，因中國拒絕，日本遂欲以單獨從事改革為理由，拒絕撤兵，致驟然提高了朝鮮境內的緊張局勢。

為撤兵問題，俄、英兩國曾出面調停，美國也向日本提出忠告，但均為日本所拒絕。英、俄等國家調停失敗後，事態已瀕臨破裂，日方已找機會下手。故陸奧宗光於六月十日（七月十三日），命大鳥圭介「不妨用何等口實，速開始實際運動」。兩日後，清廷軍機處也寄北洋大臣李鴻章密諭，下令緊急備戰，以杜狡謀。李鴻章奉命後雖曾提出備戰計畫，並調派魏汝貴、馬玉崑、葉志超等將領分別統率其所部前往義州、大東溝、平壤、旅順等處，但翁同龢等並不主張立即開啓戰端，仍希望有所轉圜而不知日本眞意，致失機先。

李鴻章始終主和，但實際交涉瀕於決裂，遂一方面在牙山等地築堡寨，謀與海軍策應，僱英輪三艘運送兵士；一方面由北方進平壤，南北夾擊，對抗日軍。六月二十二日，日本軍艦浪速丸，在豐島海洋偷襲中國船艦，高陞號被擊沉，戰端遂開。

三、中國爲朝鮮而戰

1中日交涉：

前文已說日本對於朝鮮，既下併吞之意，其外交政策，遂日益強硬。先是日本政府決定取被動地位，李鴻章却以持久屈之，暗中策動各國公使，時出干涉。況清兵在牙山，外人並不十分注意，而日軍在漢城，各國都認其妄開事端，多同情於中國。當時大鳥圭介，電其政府，言出兵之不利。但日本軍人跋扈，窮兵黷武，絕不輕易罷兵。政府遂放棄被動政策，改爲積極的主動。主張中、日兩國共同調查朝鮮內政，淘汰朝鮮中央與地方官吏，設警備兵，以保朝鮮國內安寧等條件，照會中國；清廷則以朝鮮變亂既平，何談鎭壓，清國向不干預朝鮮內政，日本素認朝鮮的自主，則更無干預其內政之權，重申請其履行天津條約加以反駁。

光緒二十年六月十三日，大鳥圭介忽以朝鮮政治改革方案五條，進入朝鮮王宮謁李太王，迫令親批。朝鮮以此事電告清廷，李鴻章示以朝鮮可堅持自決。大鳥計窮，必當自撤相敷衍。鮮廷不得已，遂命協判內務府金宗漢、曹寅承、申正熙等爲委員，連日在日本公使館從事磋商。（註二）時清軍在牙山出榜諭示，有朝鮮屬國等語，大鳥以「朝鮮聲明獨立，廢棄清韓條約；修築日本軍營三條」質問鮮廷，並限三日內裁答，但鮮廷不予回文。

日本既以先發制人，清廷已不能以拖延交涉，制止其軍事行動。當時英、俄兩國，也從中斡旋，時或恫嚇，但日本的備戰，愈加積極。於是英國知中、日兩國的戰機已熟，遂令其駐日代理公使巴息向日本政府提出：今後中、日兩國若不幸至於開戰，上海為英國在遠東權利的中心，望日本政府勿以上海作戰場。

六月十四日，英、法、德、俄、美五國公使，會議於美公使館，英國提議各國保守中立，並劃仁川港與漢城為中立地帶，未待表決。十五日，俄公使韋貝自北京速歸，反對此議，德、法兩使亦同意，遂作罷。是夜，袁世凱奉旨，被召回天津，結束其在朝鮮十三年的政治生活。（註二二）

2清軍敗北：

六月十八日，日本大本營下「給與混成旅團的命令」謂：「如果清軍增加，則以當前的主力擊破敵人」，並附言：「二十二日從佐世保（長崎縣）出港的聯合艦隊，如遇到中國軍艦與運輸船，立刻予以擊碎」。

李鴻章始終主和，但實際交涉瀕於決裂，遂一方面在牙山等地築堡壘，謀與海軍策應，僱英輪三艘運輸兵員，一方面又從北方進平壤，擬南北夾擊，對抗日軍。六月二十一日（七月二十三日），李鴻章所僱英輪高陞、愛仁、飛鯨運輸兵員前往距漢城約一五〇里的牙山支援葉志超，並派濟遠、廣乙兩艦護航。戰火有一觸即發之勢。英、俄等國家雖仍試圖調停撤兵事，但對存心藉機尋釁的日本而言，這種勸告無異對牛彈琴。六月二十三日，愛仁、飛鯨所運將士一千七百人抵牙山；由德籍船長漢納根（C.von Hannaken）領航的高陞號，載運將士九百五十人駛至牙山外海的豐島時，受日本巡洋艦浪速丸之砲擊沉沒，（註二三）中日甲午之戰遂因此揭開序幕。

高陞號被擊沉後，日本政府至七月一日（八月一日）方纔正式宣戰（清廷亦於同日宣戰）。清廷雖對日宣戰，但負責軍事指揮的李鴻章，並未急起籌備戰守，在軍事上爭取主動，而採消極應戰方針。成歡驛之役，聶士成雖曾死力抵抗而「頗有殺傷」，但主將葉志超膽怯，不為後援，遂使聶士成孤軍作戰，被迫撤退，致將整個朝鮮南部放棄。（註二四）

日軍在毫無抵抗的情況下，從容調度，分途進兵，其前鋒於七月中旬進攻平壤。時日本陸軍大將山縣有朋，由漢城四路進兵，十九日（八月十九日）圍攻平壤。因平壤城卑糧少而難轉運，且又無水，無法守住。（註二五）二十一日夜，葉志超率先逃跑，全軍潰敗，退至鴨綠江北岸。（註二六）

八月十四日，海軍提督丁汝昌，奉命率領北洋艦隊軍艦十四艘，由大連護送運兵船至大東溝。美國間諜探知，轉告日本。二十一日，日本海軍以伊東祐亨為黃海艦隊司令官，率艦十二艘，列隊來攻。雙方在黃海展開激戰。北洋艦隊布置零亂，指揮無方，各自為戰，砲多虛發，被日軍打得落花流水。是役，北洋艦隊五艦沉沒，傷亡慘重；致遠艦長鄧世昌，經遠艦長林永升，揚威艦長林履中，皆與船同歸於盡；濟遠艦長方柏謙，不戰而逃（後被問罪處斬）。（註二七）此一戰役，前後持續五小時，丁汝昌的黃海主力頗有損傷，退回旅順。

平壤、黃海兩大戰役，暴露李鴻章所領導的陸、海軍之脆弱，同時也證明他的消極應戰方針嚴重危害了國家利益。（註二八）

3 議和前夕的折衝：

清廷原以爲小國日本，當不起大中國一擊。殊不知中國陸海軍虛有其表，並無戰鬪實力，一與日軍接觸，未戰先潰，海陸皆敗。日軍更從中國沿岸登陸，作進攻天津態勢。清廷見國土被侵，抗戰無力，非急速停戰不可；英、美使臣，出面調停，終未達成，乃派戶部侍郎張蔭桓，湖南巡撫即前臺灣巡撫邵友濂爲正副使，赴日議和。當時光緒帝與其近臣俱認爲：議和條件不得踰越朝鮮獨立與賠償軍費之範籌，故光緒令張、邵兩人將議事內容隨時電奏，凡對朝鮮國體有礙，中國力有未逮之事，不得擅行允許。張、邵等人乘輪赴日，從行者有內閣侍讀瑞良，郎中顧肇新、錢紹楨，道員伍廷芳、梁戒、黃承乙，知府沈鐸、張桐華，知州羅庚齡，知縣盧永銘、張佐興、招汝濟、布理問、徐超，鹽大使趙世廉，縣丞徐銘，訓導沈功章，及學生、差弁、跟役等二十四人。（註二九）一行於光緒二十一年正月初五日抵日本神戶。立於戰勝者地位之日本，以張、邵二人官階不足以當全權大使，且又只帶光緒帝之諭旨，未帶國際公法上通行之全權委任狀，遂給原無意在此時節議和的日方刁難的藉口，不欲與之開會，而擬將他們驅逐出境，故於正月十一日（二月五日）將其送往長崎。張、邵等不得已，於正月十八日離開長崎，三日後返抵上海。

前此正月初八日，中、日兩國代表在廣島縣政府第二次會晤（第一次會晤在正月初七日）

後，日方代表伊藤博文曾向中國隨員伍廷芳暗示：中國如能以恭親王奕訢或李鴻章爲全權代表，最爲適宜。伊藤之所以作此暗示，實乃因他認爲奕訢與李鴻章既最傾向議和，其地位與聲望亦足以擔當割地、賠款之重任。因此，張、邵等返國後，即將此事電告總理衙門。清廷原擬因張、邵兩使之被驅逐而將媾和之事作罷，奈因適時威海衛、劉公島先後失陷，北洋海軍全軍覆沒；遼陽敗績，北京危急。光緒帝頗爲焦灼，乃召見軍機大臣翁同龢，垂問時事，咸以和、戰皆無可恃，相對無策。（註三〇）在此情形之下，他們雖都不滿李鴻章，但不得不從日方的意願改派太子太保・文華殿大學士・北洋大臣・直隸總督・伯爵李鴻章爲頭等全權大臣，李鴻章之子經方（曾任駐日公使，通英、日語）爲參贊，前往日本議和。

4中國割地賠款：

光緒二十一年二月十八日（三月十三日），李鴻章偕子經方，前美國國務卿代表團顧問科士達（J.W.Foster）及其他隨員，搭乘德國輪船從天津出發，五日後抵日本下關（馬關）。翌日，與日本全權大臣伊藤博文、陸奥宗光等，在下關春帆樓會晤，出示全權證書。這份文件實際出自美國駐華公使田貝（Charles Denby）的手筆，（註三一）上面載明賦予「便宜行事，訂定和約條款，署名劃押」等喪權辱國的全權，伊藤閱後認爲「甚屬妥善」。次日，李鴻章等與伊藤博文、陸奥宗光等在春帆樓開始談判。二十四日，清廷代表在會議席上，要求在談判之前議定休戰事項。（註三二）但日方代表認爲必須保持對中國的軍事壓力，迫使中方接受他們所擬全部條款，所以不願停戰，而於二十五日故意提出中國無法接受的停戰四條件：(1)日軍佔領大沽、山海關，及在該處的城堡。(2)上述各地的中國軍隊須將所有武器、軍需品交與日軍。(3)天津、山海關間的鐵路由日本事務官支配管理。(4)中國政府負擔休戰期間日本的軍費。由於日方所提條件太苛，難以接受。（註三三）這些條件的實質就是要將北京置於日本的軍事監視之下，日軍可以毫不費力地將它佔領；接受這些條件，日本在媾和談判中可以更隨意勒索，清政府絕無爭較的餘地。總理衙門在獲悉這些苛刻條件後，忙向美國公使田貝求教，指望美國能夠「仗義執言」，勸日本降低條件。他們的愚蠢幻想立刻幻滅，田貝當面警告說：「問題在於中國是否希望和平，如果的確盼和，就應接受日本所提條件」。（註三四）

李鴻章於請示本國後，二十八日撤回停戰建議，要求日方提出議和條款。（註三五）伊藤允於二十九日會議時提出。不料李鴻章在當日（二十八日）會後，於回寓所途中，為浪人小山豐太郎所狙擊，左頰骨被手鎗擊傷。事件發生後，各國輿論沸騰，形勢不利於日本。日本亦自知理曲，大為恐慌，這纔同意無條件停戰，進行議和。（註三六）

日本在李鴻章被狙擊的二十八日聲明「承諾一時休戰」。從表面上看，此一聲明彷彿是對清政府的讓步，其實不然。日本最初提出苛刻的休戰條件，純粹是一種訛詐，並不表示繼續作戰符合日本的侵略利益。因為就連當初與川上操六等積極設法引發中日戰爭的外務大臣陸奧宗光，他也自認當時「內外形勢，早已不許交戰。」（註三七）單就軍事形勢言之，俄國駐日公使希特羅渥在當時即曾指出：「日本人由於霍亂與水災嚴重妨礙其在中國的軍事行動，正處在極端窘困中，且盼望締結和約。我希望中國能夠對此一情況加以利用，以抵制日本的要挾。」（註三八）日本承諾「一時休戰」，主要是詭詐未遂，藉李鴻章之被鎗傷下臺；同時休戰期限僅有二十一天，無異向李鴻章施壓，迫使他必須在短期內接受日方的媾和條件。再說這休戰僅是局部的，並不包含臺澎。當時日軍已佔領了遼東半島，正準備集中兵力侵佔臺灣本島與澎湖群島；在大陸上停戰，實更有利於日軍在臺灣地區的軍事侵略行動。（註三九）事實上，澎湖群島是在「休戰」期間被日軍攻佔的。

休戰條約於三月五日簽字（註四〇）後，即從事媾和談判。日本所採取的基本策略是漫天要價及肆意恐嚇。此時李鴻章的傷口未癒，清廷乃使其子經方協助談判。四月一日，日本提出媾和草案十款，每款條件都十分苛刻。李鴻章逐項請求減讓，伊藤博文大肆威嚇，揚言「若不幸此次談判破裂，命令一下，我六七十艘運輸船即可載運增派大軍，船艫相接，立刻前往戰地。如此則北京的安危，實不堪設想」。又說：「中國全權大臣一旦離開此地，是否能夠再度安全地出入北京城門，也無法保證。」（註四一）威嚇之後，即僞裝「寬厚」與「忍讓」，於四月十日以「修正案」形式提出其實際要求。其要點爲：⑴中國承認朝鮮獨立。⑵割讓遼東半島、臺灣及其附屬島嶼。⑶賠款庫平銀二萬萬兩。⑷開放沙市、重慶、蘇州、杭州爲通商港埠。⑸以歐洲各國所訂條約爲基礎，另訂通商條約。李鴻章雖曾要求伊藤放寬條約內容，只「割臺之半」，及保留營口

（營口有「稅利」），均遭拒絕，遂不得不於十七日簽訂了喪權辱國的馬關條約（日方稱下關條約）。

四、日本接收臺澎

1日本要求遼東半島與臺澎的目的：

日本要求割讓遼東半島的主要目的，除可滿足其領土野心外，在戰略上的考量也不能忽略。遼東半島係北洋門戶，它與山東半島合成環抱渤海的形勢，而其南端的旅順又是北方的重要軍港。日本佔有了遼東，即可作其入侵中國大陸的橋頭堡，隨時可入侵東北肥沃而一望無垠的松遼平原，並攫奪豐富的礦產、林產與農產品。向西則可入侵山海關一帶，如此則不僅直接威脅天津、大沽、山海關一帶，並隨時可入侵中國本部，以達成其明治政府成立（一八六八）以來欲向大陸擴張勢力的野心。臺灣則為中國沿海的一大島嶼，包括本島與其附屬島嶼，及澎湖群島，它們隔著臺灣海峽，與福建遙遙相對。臺澎不僅具有極重要的經濟價值，而且在戰略上也非常重要。日本擁有了它，既可作為西進大陸的踏腳板，也可作為向東南亞發展的基地。更由於臺灣的物產豐富，而尤以稻米、蔗糖、樟腦、茶葉等，可彌補其本國產量之不足。清政府則根據「宗社為重，邊徼為輕」的理由，在馬關條約中承認將上述領土和當地「所有堡壘、軍器、工廠，及一切屬公物件，永遠讓與日本」，致使數百萬臺灣同胞成為亡國奴，不得不在異族的統治下過艱苦的日子。

2三國干涉還遼：

中、日馬關條約簽訂後，經兩國皇帝之批准，於光緒二十一年四月十四日（明治二十八年五月八日），在中國烟臺換約。並且根據停戰展期專條，將休戰期限展延二十一天，亦即將原至三月二十六日（四月十六日）期滿的停戰期限，展延二十一天，俾便辦理換約事宜。

中、日馬關條約的簽訂，立刻引起國際強烈的反響。有關馬關條約的紛爭，主要集中在割讓遼東半島的問題上。因爲遼東半島的割讓，直接威脅到帝俄在中國的既得利益，所以俄國首先起來反對，其理由是日本如要求中國割讓遼東半島，勢必引起歐美列強的干涉。德國則其前駐中國公使巴蘭德建議德國「和俄國共同行動」，以便疎遠俄、法之間的緊密聯繫，減輕德國東境的壓力，並藉此取得清政府的好感，乘機向中國索取報酬。德國政府對此表示完全同意。法國因與德國素有嫌隙，原不擬與德國在遠東合作，但考慮到新締結的俄法同盟，故決定追隨帝俄，同意三國干涉，藉以擴大它在中國的政治影響。所以俄國政府在馬關條約簽字的三月二十三日（四月十七日），正式邀請法、德兩國聯合要求日本放棄遼東半島，日本如表示拒絕，即由三國海軍切斷遼東日軍與本國之間的聯繫，使其陷於孤立。三國公使除向日本外務省提出警告外，復於停泊日本各港的俄艦晝夜升火，禁止官兵登陸，並且俄國東西伯利亞總督下令緊急徵召預備兵入伍，集合達五萬餘人，隨時準備出動，戰爭有一觸即發之勢。（註四二）

日本政府對這突如其來的聯合干涉，感到驚慌失措，故擬爭取英、美的實力支援，但英、美兩國都不願因此冒戰爭危險。當時日本經過八個月的侵華戰爭，早已十分疲弱。就海軍言之，由於人員疲勞，軍需缺乏，所以不僅無法與三國聯合的海軍作戰，即使僅與俄國艦隊作戰，也毫無把握。（註四三）在外交方面，日本政府雖力圖獲得英、美的實力援助，但英國聲明中立，並勸告日本不可與三國交戰，美國則表示不願在「限於與局外中立原則不相矛盾的範圍內，與日本協力。」（註四四）日本既無法獲得強大有力的外援，在三國的武力威脅下，只好將遼東半島歸還中國。

3臺灣官民之心聲：

和約即將交換之際，光緒帝硃批：說明萬不得已如約換文之苦衷，並望嗣後君臣上下，惟期堅苦一心，痛除積弊，以收自強之效。（註四五）然遼東問題因三國干涉獲得歸還後，中國國內要求保臺的呼聲日益高漲，不僅臺灣地區人民震駭，廷臣、疆臣也多堅決反對，（註四六）如兩江總督南洋大臣張之洞，他曾於三月初四日致電總署，鑑於外洋豔羨臺灣，請以臺灣作保，向英國借款二三千萬元，以保臺不割；「如照此辦法，英尚不肯為保臺灣，則更有一策，除借鉅款外，並請英國在臺開礦一二十年，此乃於英國有大益之事，必肯保臺灣矣。」（註四七）清廷被迫籌謀挽回，除與法、德進行密商外，又與英、俄多次接觸，請它們出面斡旋，表示願意開放臺灣煤、金各礦為酬。所謂保臺，實質上是以另一種方式出賣臺灣。臺灣巡撫唐景崧也在四月二十五日致總理衙門的電報中曾說：「臺灣多煤，……基隆、宜蘭金礦且多，不僅金砂也。……如全臺許各國爲租界，各認地段開礦，我收其稅，則利益均沾，全臺將益繁盛。」（註四八）故此「保臺」政策，實具有出賣主權性質。當時西方列強雖都企圖染指臺灣，但因各國之間，彼此勾心鬬角，相互監視，誰也不敢貿然嘗試。列強既不敢插手，清廷也不敢冒重啓戰端的危險，所以未能成功。

前此三月二十四日，即馬關條約簽署次日，臺灣巡撫唐景崧致電軍務處，旨派奕訢督辦軍務，並請代奏工部主事統領全臺義勇丘逢甲率全臺紳民「願效死勿割臺地事」。（註四九）二十九日，唐景崧又電總署懇請將割臺事請各駐華使節公斷，認爲臺灣係各國入華咽喉，歸之日本，不獨臺民不服，恐各國亦不願從，從此爭端無已，塗炭生靈。如能保住臺灣，不獨臺灣人民之幸，也是中國大勢所關，所以請總署與各國使臣從公商斷。（註五〇）四月初四日，唐景崧又向總署報告說：「萬民誓不從倭，割亦死，拒亦死，寧先死於亂民之手，不願死於後倭之手。」（註五一）與之同時，向軍務處電告：「臺民不願歸日，尤慮亂起，朝廷一棄，此地即無王法，不能以尚未交接解之。文武各官，不能使日人至而後離任，官旣離任，民自得逞，不獨良民塗炭，各官亦斷難自全。」而臺民「惟知臣與劉永福在此，即可爲民挽留，不致亂生。劉永福亦慷慨自任，臣雖知不可爲，而屆時爲民挽留，不能自主，有死而已。」（註五二）臺灣地區的官民雖寄望列強迫使日本比照遼東辦法放棄臺灣，但如前文所說，已完全落空。請外國「保臺」的幻想破滅後，清政府決心如期向日本交割臺灣。

4日本接管臺澎：

前此四月十八日，日本首相伊藤博文電告李鴻章，日方已任命海軍大將樺山資紀爲臺灣總督，並以之爲日本特派大員，約兩週內抵臺辦理臺灣交接事宜，日本希望中國政府簡派大員一人或數人，代表中國交接。李鴻章接到伊藤博文的電報時，適逢美籍顧問科士達來晤。李鴻章乃與之商議，可否拖延交接事宜？柯士達認爲如果「藉故諉延，以致另起波瀾，生意外險，即請他國保護，亦必枝節橫生。」李鴻章謂：「臺灣官民不肯交接，奈何？」柯士達謂：「皇上批准，中國官民豈可聽任梗阻，致失國體？如國家採納鄙言，應由政府囑田貝轉告日本，以中國派大員商交臺灣，日本應同時派大員商交遼東，方爲公允。」（註五三）

李鴻章接奉電旨：「現在臺灣兵民交憤，必不甘服聽命。該署撫唐景崧係守臺之官，現爲臺民迫留，危在旦夕，實無權與交割。究竟有何辦法，如何補救，著妥籌覆奏。欽此」！乃據以覆伊藤，與之委婉電商，除主張遼南與臺灣兩事同時議結，並希望日本全權大臣樺山資紀暫緩啓程。伊藤覆電，拒絕緩辦交接，「祇云中國派員與樺山會晤，所慮危險之事可免。」（註五四）

日本既已拒絕緩辦交接，清廷恐因諉延交臺再肇事端，乃決意履行條約義務，於四月二十四日（五月十八日）任命李經方爲「割臺大臣」，前往臺灣辦理交割手續，並請美國駐華公使轉告美國駐日本公使，請他將此人事命令通告日本當局。兩日後，美國駐華公使電告美國駐日公使，

言：「二品頂戴出使大臣李經方被任命爲委員，並爲與日本國總督會晤將前往臺灣。」（註五五）

李鴻章獲悉朝廷派己子經方赴臺交割，深知大事不妙，唯恐經方因參與割臺而至臺後發生意外，乃特急電總署，請求設法收回成命，遂謂經方「憂勞成疾，病勢沉重」；「素未到臺，情形不悉，地方官紳無一知者，日本所派樺山，亦素未謀面，無從商辦。」經方「神智不清，斷難勝此艱鉅」，請仍由巡撫唐景崧等辦理交割，「理合自行檢舉，請旨收回成命」。（註五六）但諭旨謂：「李經方因病辭差，……如再固辭，必予嚴譴，愼勿率行瀆請。」（註五七）「現在倭使將次到臺，仍著李經方迅速前往，毋得畏難辭避，儻因遷延遲誤，惟李經方是問！李鴻章亦不能辭其咎也！欽此！」（註五八）

四月二十六日（五月二十日），上諭：「署臺灣巡撫布政使唐景崧，著即開缺，進京陛見。其臺省大小文武各員，並著唐景崧飭令陸續內渡。」（註五九）

清廷之所以要唐景崧來京陛見，其目的在避免於交割時另起波瀾，發生意外。惟當時已發生臺灣自主運動，唐景崧難於脫身。因爲前此四月二十一日，臺灣官紳士豪聞知割臺已成定局，乃電奏：「臺灣士民，義不臣倭，願爲島國，遙戴皇陵。」（註六〇）而於二十七日，由道銜陳季同（閩縣人），工部主事丘逢甲（苗栗人），候補道林朝棟（臺中人），內閣中書教諭陳儒林（臺北人）等決議成立「臺灣民主國」，推唐景崧爲總統，致唐景崧一時無法離開臺灣。

五月一日（五月二十四日），日方代表樺山資紀電告其總理大臣伊藤博文，謂可於淡水與李經方會晤。理由是：如果李經方先到長崎，然後再乘船前往臺灣，雙方均感不便，所以如能在澎湖或臺灣本島之一港口爲會合地點，本官將與艦隊直達淡水與之會合。萬一該地砲臺有抵抗情事發生，可使李經方到澎湖或福州附近躲避，事先予以充分保護。且使陸軍自便於作戰之地點登陸，俟平靜後與李經方登陸，採臨機應變之處理辦法。（註六一）亦即樺山資紀認爲勢必無法順利進行交接事宜，因此要求伊藤博文採臨機應變的辦法來處理。由於日方擔心在辦理交接時可能發生意外，故臨時代理外務大臣西園寺公望乃致電其駐中國特命全權大使林董，要求處理有關在臺中國官兵的問題。

閏五月三日（六月二十五日），林董就上述處理在臺中國官兵問題，與公使館書記官，及公使館所屬海、陸軍軍官至總理衙門，與徐用儀等五名大臣面晤後，就臺灣亂兵、游勇問題向西園寺公望報告，並針對此一問題要求清廷答覆。（註六二）清廷的答覆是：宣布和平後，從中國派去的中國官兵已撤回，臺灣當地的已就地解散。中國政府在此島移交後，對他們的造反行動不負責。中國政府沒有對秘密隱藏在大陸而又無法找到的那些人採取行動之意圖。（註六三）清廷的答覆雖如此，西園寺公望卻認爲臺灣如發生對日本的武力抗爭，則中國政府難脫干係。（註六四）

依媾和條約之規定，條約批准互換後，清國須立即簡派全權委員，於互換之日起兩個月內，亦即在光緒二十一年閏五月十六日（明治二十八年七月八日）以前，須完成臺灣、澎湖兩島及其附屬諸島之交接事宜。因此，樺山資紀被任命爲臺灣總督，並爲接收臺澎的特派大臣後，首相伊藤博文即訓令樺山有關對臺之政治大綱，謂如遇必需緊急處理的偶發事件，可以臨機獨斷，事後報告處置始末。並與清國全權委員商議、決定交接日期及地點。若有俘虜，可作戰俘來處理，日後予以釋放。至其交接手續，無論出於強制或根據協議，臺澎既已歸日本版圖，即須為撫育人民著想，要維護全島之治安，使之各安其業。但亦須於軍令下施政，不可使民衆產生狎侮之心，可恩威並施，並熟悉其情況，以設定行政組織。（註六五）樺山即在總督府設治民、財務、外務、殖產、軍事、交通、司法七部，及秘書官、參事官等以統治臺灣。（註六六）

清廷特派之全權委員李經方在科士達陪同下赴臺辦理交割手續。李經方怕受人民懲罰，不敢在臺灣登岸。科士達謂：「我發現李經方不願意上岸，我就向他建議，他可以不用上岸而執行他的任務並履行條約。我告訴他……用一書面文件叫做〈讓渡書〉就夠了，把這文件簽字交付後，所有權也就移交了。」（註六七）光緒二十一年五月十日（六月二日），李經方在基隆口外的日艦「西京丸」，與日方代表樺山資紀簽署〈讓渡書〉。（註六八）自此以後，臺灣及其附屬島嶼、澎湖群島便淪為日本的殖民地。

五、結　語

李經方交割以前，日本陸軍中將北白川宮能久親王所統率近衛師團從沖繩（琉球）中城灣出發，於五月八日（五月二十九日）在三貂角強行登陸。（註六九）

臺灣人士見割臺已成定局，乃屢經協商，決定自主。倉卒籌備，改臺灣省爲臺灣民主國，建元永清，定藍地黃虎爲國旗。現任臺灣巡撫唐景崧爲臺灣民主國總統。丘逢甲任團練使，統率起義民軍。設議院，舉北臺灣林維源爲議長。維源不肯受，議長懸缺未補，議會亦未聞有開會之舉。五月初，丘逢甲爲首，率領地方士紳十餘人，往巡撫衙門向唐景崧奉呈臺灣總統金印及藍地黃虎旗。景崧受之，表示願與臺灣共存亡。於是除向各省分發表示保臺決心（註七〇）外，以陳季同爲外務卿，丘逢甲爲內務卿，陳儒林與諸士紳爲議員。（註七一）

唐景崧就任臺灣民主國總統後四日，即獲日軍登陸澳底的情報。各營起義民軍雖奮力與日軍作戰，而全臺各地民軍也爲保衛鄉土，與日軍作殊死戰，卻先後爲日軍所擊敗。

唐景崧雖坐鎮臺北城，然當雞籠失守，日軍逼獅球嶺後，其部將李文奎所統率緝捕營民兵，開始搶庫奪銀，總統親隊兵不敢鎮壓，更參加刦奪，城中秩序大亂。李文奎乘機闖入總統府，要求總統親自馳援獅球嶺。唐景崧知大勢已去，乃放棄民主國金印，只帶巡撫印信，微行奔向滬尾，於五月十三日（六月六日）抵滬尾德國商館——德記利士洋行。入夜後，搭乘德商所預約之德國輪船，並在德艦亞爾粹號保護下返回廈門。（註七二）唐景崧返回大陸後，丘逢甲亦倉皇南下，買棹回廣東嘉應州；被舉爲議長的林維源則先唐景崧退回廈門，林朝棟內渡漳州，（註七三）民主國因主持無人而瓦解。

日軍則於攻略九份、拔死猴、頂雙溪、暖暖街、雞籠後，於五月十四日佔領臺北城。二十一日，臺灣總督樺山資紀，於薄暮細雨中進入臺北城，隨即籌設總督府。二十四日，於巡撫署舉行總督府始政式。自此以後，至一九四五年日本向聯軍無條件投降爲止，臺灣同胞受異族的殖民統治長達半世紀之久。

註釋：

註一：李迺揚，《韓國通史》（臺北，學生出版社，一九五〇年八月），頁九二。

註二：朴宗根，〈東學黨の亂〉，《アジア歷史事典》，第八冊（東京，平凡社，一九六一年五月），頁二三～二四。

註三：同註一。

註四：鄭樑生，《中日關係史》（臺北，五南書局，二〇〇一年六月），頁三〇三。

註五：李鴻章，《李文忠公全集》，二，〈電稿〉，二（上海，上海人民出版社，一九八六年十一月），光緒二十年五月初一日巳刻，李鴻章「寄譯署」。杉村濬，《明治廿七八年在韓苦心錄》（東京，一九三二年），頁三～五。

註六：有關袁世凱與李鴻章爲援朝鮮事往返之電文，見於《李文忠公全集》，二，光緒二十年四月二十八日酉刻，李鴻章「寄譯署」；同年同月同日辰刻，李鴻章「寄譯署」，及《光緒朝中日交涉史料》，卷一三，（九四九）光緒二十年四月二十九日〈北洋大臣來電〉。

註　七：李迺揚，《韓國通史》，頁九二。
註　八：陸奧宗光，《蹇蹇錄》（東京，岩波書店，一九九二年九月，三版），頁二三。
註　九：《參謀本部文書・參謀本部歷史草案》，明治二十七年（一八九四）六月二日（四月二十九日），乙，〈朝鮮出兵閣議〉條。參謀本部，《明治二十七八年日清戰史》〈出兵事情〉。
註一〇：參謀本部，《明治二十七八年日清戰史》〈出兵事情〉。
註一一：《參謀本部文書・參謀本部歷史草案》，明治二十七年（一八九四）六月（二日）〈敕語〉。
註一二：陸奧宗光，前舉書，頁二五。
註一三：外務省政務局，《日清韓交涉事件記事》（明治二十七年十月）。外務省，《日本外交文書》，第二十七卷第二册，〔五〇七〕六月四日（五月一日），陸奧外務大臣ヨリ朝鮮駐箚大鳥公使（賜假歸國中）宛〈朝鮮事情ニ關スル措置訓令ノ件〉。
註一四：戚其章等，《中日戰爭》資料，十（北京，新華書店，一九八九年八月），光緒二十年五月初八日到〈北洋大臣李鴻章奏日本大鳥率槍隊來漢城電〉。
註一五：田保橋潔，《近代日鮮關係の研究》，下卷（東京，宗高書房，一九七二年九月），頁三〇三。
註一六：參看日本防衛廳戰史研究室圖書館所典藏《日清戰役關係電報綴》（明治二十七年六月二十一日～七月九日迄）。
註一七：李鴻章，《李文忠公全集》，二，光緒二十年四月二十八日酉刻，李鴻章〈寄譯署〉。《清光緒朝中日交涉史料》，卷一三，〔九四九〕光緒二十年四月二十九日〈北洋大臣來電〉。

註一八：同前註。

註一九：同前註。

註二〇：同前註。

註二一：李迺揚，《韓國通史》，頁九三。

註二二：同前註。

註二三：〈日艦擊沉高陞號實況文件〉，《漢納根證言》，見於戚其章等，《中日戰爭》資料，六（北京，新華書店，一九九三年十二月），頁二一一～二一三。

註二四：劉培華，《近代中外關係史》，上册（北京，北京大學出版社，一九八六年七月），頁三八三。

註二五：《光緒朝中日交涉史料》，卷二〇，〔一二二六〕光緒二十年七月十九日條。

註二六：王芸生，《六十年來中國與日本》（北京，三聯書店，一九八〇年），頁八三。

註二七：陳志奇，《中國近代外交史》，下册（臺北，南天書局，一九九三年一月），頁七八四。

註二八：李迺揚，《韓國通史》，頁九四。

註二九：如據《清光緒朝中日交涉史料》，卷三三的記載，張蔭桓、邵友濂赴日求和的消息傳開後，各地民衆均反對議和，所以當他們路過上海時，群衆表示抗議的「匿名揭帖，遍布通衢，肆口詆諆，互相傳播」。

註三〇：陸奥宗光，《蹇蹇錄》，頁一八〇。

註三一：C.Denby:China and Her People. 卷二，頁一三八。轉引自丁名楠等，《帝國主義侵華史》，第一卷（北京，人民出版社，一九八七年五月，第二版），頁三六五。

註三二：陸奥宗光，《蹇蹇錄》，頁二五五。

註三三：李鴻章以日方所提休戰條件太苛，萬難允諾，故於第二次會談時照覆謂：「大清帝國大皇帝陛下之欽差頭等全權大臣，茲批閱由日本帝國之欽差全權辦理大臣所回答關於休戰的〈覺書〉，其所載條件萬難允諾，殊爲遺憾。本大臣此來係以誠意議和，在商議媾和條約期間實行爲暫時休戰，實對兩國之體面、權利上均屬有益，故提出了本月二十四日的〈覺書〉。本大臣認爲所請之事，不僅極爲有理，且亦適合於各國普通慣例，而貴大臣尚不以爲然。雖然如此，本大臣之盡心議和初衷，毫不有所減退，惟望兩國和局能早日達成。謹此奉達」。

註三四：丁名楠等，《帝國主義侵華史》，第一册，頁三六五。

註三五：伊藤博文，秘書類纂，《中日媾和記錄》〈附件〉，第五〇號。

註三六：鄭樑生，《中日關係史》，頁三四三~三四四。

註三七：陸奥宗光，《伯爵陸奥宗光遺稿》，頁四七六。

註三八：丁名楠等，《帝國主義侵華史》，第一册，頁三六六。

註三九：同前註。

註四〇：陸奧宗光，《蹇蹇錄》，頁三七〇。

註四一：陸奧宗光，《伯爵陸奧宗光遺稿》，頁四九三。

註四二：陸奧宗光，《蹇蹇錄》，頁三五八。

註四三：丁名楠等，《帝國主義侵華史》，第一册，頁三七五。

註四四：前註所舉書，頁三七五～三七六。

註四五：李鴻章，《李文忠公全集》，二，〈電稿〉，二，卷二〇，頁五一～五二所錄「廷臣立章議論」。

註四六：參看《清光緒朝中日交涉史料》，卷三八，頁四一。

註四七：《清季外交史料》，卷一〇九，頁五所錄〈張之洞致總署電〉。

註四八：丁名楠等，《帝國主義侵華史》，第一册，頁三七八所引左舜生編，《臺灣唐維卿中丞奏稿》，續編，下册，頁三二〇。

註四九：《清季外交史料》，卷一〇九，頁五。

註五〇：同前註所舉書，同卷，頁七。

註五一：《清光緒朝中日交涉史料》，卷三九，頁三八。

註五二：《清季外交史料》，卷一一〇，頁一四。參看陳志奇，《中國近代外交史》，下册（臺北，南天書局，一九九三年一月），頁八七三～八七六

註五三：伊藤博文編，《機密日清戰爭》（東京，原書房，一九六七年九月），頁七五所錄，日本駐俄公使西

德三郎於明治二十八年（一八九五）〈致陸奧外務大臣電〉（四月二十二日接）。

註五四：《東華續錄》〈光緒朝〉，光緒二十一年四月條。

註五五：戚其章等，《中日戰爭》資料，十（北京，新華書局，一九九五年十一月），頁四五三所錄：駐清國美國公使致駐日本美國公使〈通告李經方被任命爲清國委員〉。

註五六：《清光緒朝中日交涉史料》，卷四四，頁三二。

註五七：前註所舉書，同卷，頁三八。

註五八：前註所舉書，同卷，頁三四。

註五九：Yosaburo Takekoshi（竹越與三郎）,Japannes Rule in Formosa.p.88.

註六〇：吳德功，〈讓臺記〉，收錄於《中華民國開國五十年文獻》，第一編，第五册，頁五四〇。

註六一：同前註。

註六二：《清光緒朝中日交涉史料》，卷四三，頁四五六所錄：（日本）駐清國林（董）公使致西園寺（公望）臨時代理外務大臣〈關於總理衙門王大臣談話之報告〉，機密第一號函。

註六三：前註所舉書，頁四四八～四五〇所錄：駐中國林公使致西園寺臨時代理外務大臣電〈關於中國政府對要求處理臺灣官兵的答覆之報告〉。

註六四：前註所舉書頁四五八所錄：西園寺臨時代理外務大臣致駐中國林公使電〈關於臺灣官兵問題追究中國政府之責任〉謂：「通知中國政府撤回來自大陸之軍隊和解散臺灣之本地軍隊，好像沒有給中國官兵秘密地在大陸採取隱藏之可能性機會。正如中國政府所承認，這兩個矛盾聲明需予調和。在此前提下，不能僅以無法找出甚麼難民爲藉口，所以中國政府不能推卸其責任」。

註六五：《現代史資料》，第二十一册，《臺灣》，一（東京，みすず書房，一九七九年四月）〈解說〉所錄內閣總理大臣伊藤博文於明治二十八年（一八九五）五月十日致臺灣總督海軍大將樺山資紀之訓令。並見於前註所舉書，頁四四八～四五〇。伊藤所訓令有關交接手續之注意事項爲：

1.交接臺、澎兩島及其附屬島嶼，和砲臺、軍庫，清國文武官員所管轄屬公物件等之公開手續，務須迅速辦完。

2.清國文武官員所管轄之屬公物件，須預先使其編製詳細目錄，然後盡速辦完公開手續。可先編製主要目錄，俟交接完後再編詳細目錄。

3.在接受清國佔有之堡壘、軍火工廠，及所有清國官員所管轄各種屬公物件之同時，須收繳清國軍隊所佩戴之武器，但其行李及私人物品，可允許攜帶。

4.清國軍隊必須盡速撤出，在其撤退期間，日軍司令官可指定，並命令清軍撤退及可屯駐之地點。與此同時，須明確約定其撤兵日期，彼方駐兵期間所需費用，統由清國自行開支。

5.爲使清軍盡速撤出，貴官可與清國全權委員商定撤兵手續，若對方拒絕商議或拖延不履行，可使清軍免費乘船至最近之清國港口。不得已時，可強行促其撤兵，並預防其在途中之暴行。

6.清軍完全撤出後，預先收繳之武器須歸還清政府。

7.撤退完後，總督府可立即執行行政事務。除向清軍接收者外，亦可佔有其他屬公物件。

註六六：同前註。

註六七：李鴻章，《李文忠公全集》，〈電稿〉，卷二〇，頁六四。

註六八：劉培華，《近代中外關係史》，上册，頁四〇二。

註六九：Yosaburo Takekoshi,Japanese in Formosa.p.88.

註七〇：吳德功，〈讓臺記〉，《中華民國開國五十年文獻》，第一編，第五册，頁五四一。

註七一：同前註。

註七二：戚其章等，《中日戰爭》資料，十二（北京，新華書局，一九九六年十月），頁五。

註七三：前註所舉書，頁七。

私販引起之倭亂與徐海之滅亡——一五四六～一五五六

一、前　言

明代倭寇在世宗嘉靖（一五二二～一五六六）初年逐漸猖獗，因此，巡按御史楊九澤乃於二十六年六月，疏請復設巡視重臣以轄福建、浙江，兼制廣東潮州，專駐漳州，俾使「南可防禦廣東，北可控制浙江，庶威令易行，事權歸一。」（註一）廷議稱善，乃命南贛巡撫右副都御史朱紈，改撫浙江兼制福、興、漳、泉、建寧五府軍事。（註二）紈蒞任當時，浙、閩海防已久毀，戰船、哨船十存一二；漳、泉巡檢司弓兵舊額二千五百餘，僅存千人。（註三）倭寇因剽掠往往得志，更無所忌而來者接踵。在此情形之下，紈除加強海防外，又採僉事項高及士民之建議革渡船，嚴保甲，搜捕勾倭、通倭之奸民，並且不俟命而常以便宜斬之。由是浙、閩大姓素爲倭內主者失利而怨恨。紈又一再將大姓勾倭之情狀報告朝廷，致引起閩、浙人之怨懟，而閩尤甚。出身福建的巡按御史周亮及給事中葉鏜遂上〈疏〉詆紈，請改巡撫爲巡視，以殺其權。（註四）二十七年三月，佛郎機國人行刼至詔安，紈擊擒其渠魁李光頭等九十六人，復以便宜誅戮，具狀聞，

語復侵諸勢豪之家。(註五)御史陳九德遂劾紈擅殺，紈因而失位，乃製〈壙志〉、〈絕命詞〉，仰藥而死。(註六)

紈死後，不僅不復設巡視大臣，文武將吏不敢言海禁事，而且「浙中衛、所四十一，戰船四百三十九，尺籍耗盡。紈招福清捕盜船四十餘，分布海道，在台州海門衛者十有四，爲黃巖外障。副使丁湛盡散遣之，撤備弛禁。」(註七)結果，海寇大作，使東南沿海居民飽受其害。

二、私商與寇亂的關係

明太祖於洪武初年實施海禁，加強海防措施後，中國東南沿海地區雖曾受倭寇的刼掠，但次數不多，被害情形也不嚴重。惟至後來，防禦漸弛，遂給寇盜帶來可乘之機。

朱元璋雖從洪武二年起再三遣使以即位詔諭日本，並要求其禁戢倭寇，卻未能達到目的。迄至建文三年(一四〇一)，日本室町幕府第三任將軍足利義滿以其侍從祖阿及商賈肥富爲正、副使，朝貢於明後，中、日兩國邦交方纔正式開始。成祖於永樂元年(一四〇三)，將「日本國王」金印及誥書、冕服賜與義滿。義滿除稱臣納貢外，又接受明廷的要求取締倭寇，或送還被擄之中國人，明廷乃不惜給與很高評價，謂：

王脩德樂善，忠良恭謹，朕甚爾嘉。又能遵奉朝命，禁止壹岐、對馬諸島之人，不爲海濱之害。用心勤至，尤爲可嘉。(註八)

又謂：

自今海隅肅清，居民無警，得以安其所樂，雞犬狗彘，舉得其寧者，皆王之功也。（註九）

由於此一時期明廷對日本貢舶至中國的限制不嚴，故你來我往，每年使船往返不絕，故明與日本的關係乃眞正的宗主與附庸的關係，而日本的事大思想濃厚。然足利義滿竟於永樂六年（一四〇八）五月猝死，由世子義持繼位。義持繼位後，曾遣釋堅中圭密告訃於明，明廷則除遣中官周全與祭外，又賜諡「恭獻」，降敕弔唁，及贈優厚的賻儀。（註一〇）周全回國時，義持雖復遣堅中圭密至中國謝弔乃父之恩，（註一一）明廷也遣王進赴日，卻爲義持所阻，不克入京都而（註一二）於九月九日自兵庫回國。（註一三）自此以後至宣德初爲止，日本都未遣貢舶至中國。義持爲何與明斷交？在此姑且不談。義持退位後，由其年僅十七之子義量繼位，但在位僅三年而亡。義持於宣德三年（應永三十四年，一四二八）以四十三之壯齡死，故由出家的胞弟義圓（還俗後稱義教）繼任幕府將軍。義教擔任將軍後隨即籌備派遣貢舶，於宣德六年（永享四年，一四三二）以華裔禪僧龍室道淵爲正使首途前往中國，這表示當時的日本在經濟上對中國的倚賴性頗高，不能與明斷交。就因爲如此，龍室歸國之際，日本人士方纔掩不住內心的喜悅，高喊「宣德錢到來！」（註一四）義教繼位以後至中國的貢舶，政治意義與對國際上顧慮的成分消逝，其統治階級唯貿易之利是圖，往往違反明朝規定，一味要求增加朝貢次數、船數與人數，逐漸露出其經濟需求之面目。所以不但不像永樂年間似的逮捕倭寇，反而在往返北京途次屢有暴行，如弘治九年

(明應五年,一四九六)朝貢的堯夫壽蓂一行在濟寧引起的濟寧事件(註一五),嘉靖二年(大永三年,一五二三)細川、大內兩氏所遣貢使在寧波爲先後問題引起的寧波事件(註一六),及貢使們在沿途干犯明朝法禁私販食鹽(註一七)等,均使明廷當局傷透腦筋。所以十六世紀以後至中國的日本貢船,幾乎已失去作爲册封體制之一環之朝貢、回賜之貿易意義,致此體制與貿易乖離,旣無法解決禁戢倭寇問題,也無法透過日本國王,將日本約束於華夷秩序之中。結果,明廷對中日貿易所期待的,已甚麼也沒有了。(註一八)

寧波事件過後,明廷對海禁政策的執行更爲嚴厲,但走私也因而更爲猖獗。走私在朱元璋實施海禁之初即有此一事實,曾於嘉靖三十年代奉浙江總督楊宜之命,東渡宣諭日本的鄭舜功云:

洪武辛亥(四年,一三七一),福建興化衛指揮李興、李春,私遣人出海行貫。上命都督府嚴處之。(註一九)

亦即當時不僅有一般民衆從事走私,負責海防的官員也干犯海禁,致受太祖的重罰。但也有中央大員及海防職官與日本人沆瀣一氣,從事軍火走私的,《明史》卷三二二〈日本傳〉云:

先是,胡惟庸謀逆,欲藉日本爲助,乃厚結寧波衛指揮林賢,佯奏賢罪,謫居日本,令交通其君臣。尋奏復賢職,遣使召之,密致書其王,借兵助己。賢還,其王遣僧如瑤率兵卒四百餘人,詐稱入貢,且獻巨燭,藏火藥、刀劍其中。

如據該傳前文的記載,「其王」應是中國史書所謂「日本國王良懷」,亦即日本史乘所紀南朝設於九州的征西府將軍「懷良親王」。此乃明朝官員勾結日本的地方官員從事軍火走私的顯著例子。惟如瑤抵中國時，惟庸已因謀逆事被誅，致計不行，而太祖亦未知其狡謀。越數年，其事始被發覺，「遂族賢，而怒日本特甚，決意絕之，專以海防爲務。」（註二〇）太祖雖數度遣使詔諭日本，其所遣使節又都至懷良處，故非但未能達到詔諭的目的，反而讓不肖官員與之勾結，走私刀劍至中國。林賢既然交通其君臣，亦即與懷良及其幕僚交通，則此軍火走私，必是經過縝密策畫的。由於如瑤抵中國時惟庸已被誅，故未釀成大亂。

倭寇之所以能夠順利的從事走私，與中國奸民之勾引、嚮導、接濟有密切關係。明人謝在杭云：

倭之寇中國也，非由中國之人，誘之以貨利，未必至也。其至中國也，非中國之人爲之鄉導，告以虛實，未必勝也。今吳之蘇、松，浙之寧、紹、台，福之福、興、泉、漳，廣之惠、潮、瓊、崖，駔儈之徒，冒險射利，視海如陸，視日本如鄰室耳。往來貿易，彼此無間。我既明往，彼亦潛來。（註二一）

此言中國奸民爲了貨利，將倭人引誘至中國，當他們抵中國時，又告以海防之虛實，入侵之途徑，寇掠之目標，使之能夠順利達成目的。鄭若曾亦云：

廣、福、浙三省，大海相連。地畫有言，若分界以守，則孤圍受敵，勢弱而危，戢捕之謀，能不有賴於相須乎。曾考入番罪犯，多係廣、福、浙三省之人，通夥流刼。南風汛，則勾引夷船，由廣東而上，達於漳、泉，蔓延於興、福；北風汛，則勾引夷船，由浙江而下，達於福、寧，蔓延於興、泉。四方無賴，又從而接濟之，嚮導之。（註二二）

此言廣、福、浙三省之人在南風吹襲之際，勾引夷船從廣東北上至漳、泉，而蔓延於興、福，北風吹襲時則勾引夷船自浙江南下，前往福、寧，然後蔓延於興、泉地方。四方無賴又從而予以接濟、嚮導，俾使中、日兩方人士都能夠達到私販目的。而他們之所以要利用風向，亦即要利用季風的原因，在求海上活動的安全。（註二三）又云：

倭寇擁眾而來，動以千萬計，非能自至也，由福建內地奸人接濟之也。濟以米、水，然後敢久延；濟以嚮導，然後敢深入。海洋之有接濟，猶北陲之有奸細也。奸細除而後北虜可驅，接濟嚴而後倭夷可靖。（註二四）

倭寇至中國時並非三兩成行而動以萬計，如非有中國奸民之接濟與嚮導，既無法久留，深入內地，也無法從事貿易。所以倭寇如要在中國從事走私，如無中國人之接濟與嚮導，在人地生疏的環境裏實很難達到目的。

那些接濟、勾引行為，按常理應該在暗中進行，其從事這種勾當者也應是一般無賴之徒，然而事實並非如此，他們不僅公然干犯海禁，更有地方士紳、卸職官員參與其間。嘉靖二十六年當時肩負執行海禁、剿倭之大責重任的浙江巡撫朱紈，他於疏報漳、泉兩府軍備廢弛後說：

海防所恃者，兵也，食也，船也，居止瞭望也，今皆無所恃矣。賊船、番船，則兵利甲堅，乘虛馭風，如擁鐵船而來。土著之民，公然放船出海，名爲接濟，內外合爲一家，其不攻劫水寨、衛、所、巡司者亦幸矣。官軍竄首不暇，姦狡者因而交通媒利，亦勢也。又，如：今年正月內，賊虜浯州良家之女，聲言成親，就於十里外高搭戲臺，公然宴樂。又，八月內，佛郎機夷連艘深入，發貨將盡，就將船二隻起水於斷嶼洲，公然修理。此賊此夷，目中豈復知有官府耶？夷賊不足怪也。又如同安縣養親進士許福先，被海賊虜去一妹，因與聯姻往來，家遂大富。又如考察閒住僉事林希元，負才放誕，見事風生，每遇上官行部，則將平素所撰詆毀前官傳記等文一二冊寄覽，自謂獨持清論，實則明示挾制。守土之官，畏而惡之，無如之何。以此樹威，門揭林府二字。或擅受民詞，私行栲訊，或擅出告示，侵奪有司。專造違式大船，假以渡船爲名，專運賊贓，并違禁貨物。今據查報，見在者月港八都地方二隻，九都一隻，高浦吳灌村一隻，劉五店一隻，地方畏勢不報者，又不知幾何也。（註二五）

文中所稱本年，就是嘉靖二十六年，亦即他被任命爲浙江巡撫那年。林希元不僅擁有多艘違規大船，而且當其違法行徑被查獲時，又以暴力抗拒取締官兵。朱紈在上舉文字之後說：

本年五月初九日，林希元令已問發蔡陽輝等運回未獲海賊姚新老等贓仗一船，上將冀查遮蓋，被指揮顧喬岳統兵拏獲解送。僉事韓柱審證明白，引例招呈巡按衙門，定發九谿衛充軍。林希元恃其平素刁潑，移書該道挾制，只得給與原船并冀查領回，其餘贓仗皆入官庫。因此痛恨原拏官兵，於本年八月初六日，令巳問結林守仁、蔡英魁等駕船進港，故作倉皇之狀。比有兵快陳潤等向前盤問，伊因哄邀上船，驗無贓物，當時行兇，拒毆，各傷輕重不等。除脱走外，將兵快黃偉、蔡忠、陳守三名，綑縛去訖。指揮顧喬岳聞知，同濠門巡檢司官兵追至地名謝蒼奪回呈報，僉事韓柱准行。仍被林希元挾辯，量問蔡英魁、林守仁等，各杖罪發落，各有卷照，其餘不可枚舉。此等鄉官，乃一方之蠹，多賢之玷進思盡忠者之所憂，思補過者之所恥。蓋罷官閑住，不惜名檢，招亡納叛，廣布爪牙，武斷鄉曲，把持官府。下海通番之人，界借其貲本，藉其人、船，動稱某府，出入無忌。船、貨回還，先除原借，本、利相對，其餘贓物平分。蓋不止一年，不止一家矣，惟林希元為甚耳。(註二六)

由上述可知，當時干犯海禁，建造違規大船，公然從事私販者所在皆有，而以閩人林希元為尤甚。

初時，凡由倭人運來的私貨往往賒與奸商，各得其利。然日子一久，奸商竟動歪念欺冒，不肯償還應付貨款。因此，倭人乃泊近島，遣人坐索，但仍無法取回。番人乏食，遂出沒海上為盜。久之，百餘艘，盤據海洋，日掠東南沿海地區不肯去，小民好亂者，相率入海從倭。兇徒、逸囚、罷吏、黠僧，及衣冠失職、書生不得志群、不逞者，皆為奸細，為之嚮導。於是渠魁王直、徐銓、毛海峰等華人，戴金冠，穿龍袍，稱王於海島，攻城掠邑，官軍難於抵擋，浙東治安遂大壞。(註二七)《明史》〈日本傳〉云：

祖制，浙江設市舶提舉司，以中官主之，駐寧波。海船至則平其值，制馭之權在上。及世宗，盡撤天下鎮守中官，并撤市舶，而奸人遂操其利。初，市猶商主之，及嚴通番之禁，遂移之貴官家，負其直者愈甚。索之急，則危言嚇之，或又以好言紿之，謂我終不負若直。倭喪其貲不得返，已大恨，而大奸若汪（王）直、徐海、陳東、麻葉（一作葉麻）輩素窟其中，以內地不得逞，悉逸海島爲主謀。倭聽指揮，誘之入寇。海中巨盜，遂襲倭服飾、旂號，並分艘掠內地，無不大利，故倭患日劇。

由上舉各則文字觀之，朱紈所謂「中國衣冠之盜」（註二八），係由官衙、鄉紳、倭寇三者相互勾結而成，所以袁褒纔說：

承平既久，武備漸弛。巡舟戰艦，朽蠹而弗脩。弓械于櫓，缺敗而亡用。武官邏卒，陽託捕盜之名，而陰資煮海之利。奸弊相通，禁防盡廢。（註二九）

此乃就整個情勢而言。至於各地寇亂的起因，鄭舜功云：

嘉靖甲午（十三年，一五三四），給事中陳侃出使琉球，例由福建津發，比從役人皆閩人也。既至琉球，必候汛風乃旋。比日本僧師學琉球，我從役人聞此僧言日本可市，故從役者即以貨財往市之，得獲大利而歸，致使閩人往往私市其間矣。後有私市平户島，島夷利貨，即殺閩商。未幾，天乃雨血其地，地復出血，島夷俱灾。遭殺諸商，皆夢於島主，島主寢疾，立廟祀之，其島始安。自後私商至彼，待以殊禮，繕舟匱乏，島夷稱貸，故私商眾，福亂始漸矣。夫廣東私商始自揭陽縣民郭朝卿，初以航海遭風，飄至其國，歸來亦復往市矣。浙海私商，始自福建鄧獠，初以罪囚按察司獄。嘉靖丙戌（五年）越獄逋下海，誘引番夷私市浙海雙嶼港，投託合澳之人盧黃四等私通交易。嘉靖庚子（十九年），繼之許一松、許二楠、許三棟、許四梓，勾引佛郎機國夷人，絡繹浙海，亦市雙嶼、大茅等港，自茲東南釁門始開矣。（註三〇）

又云：

王直於乙巳歲（二十四年）往市日本，始誘博多津倭助才門等三人來市雙嶼。明年復行，風布其地，直浙倭患始生矣。歲丙午，許二、許四因許一、許三事，故所欠番人貨物無償，却以姦黨於直隸、蘇松等處地方誘騙良民，收買貨財到港。許二、許四陰嗾番人搶奪，陽則寬慰被害之人，許償貨價，故被害者不知許二、許四之謀，但怨番人搶奪。自本者則舍而去之，借本者思無抵償，不敢歸去。乃隨許四往日本國，價以歸舟。至京泊津，遭騙之人寖以番人搶騙財貨之故，告以島主。島主曰「番商市中國，敢搶中國人財，今市我國莫不懷擄矣。」即殺番人，乃以新粒等物給許四，使送華人以歸。許四自思初欠番夷貨物，又失番夷商賈，歸竟不敢向雙嶼，却與沈門林剪、許獠等合踪，刼掠海隅民居。許二以兄弟許一、許三喪亡，許四不歸，所欠番人貨財不能抵償，遂與朱獠、李光頭等誘引番人寇刼閩、浙地方矣。明年丁未，胡霖等誘引倭夷來市雙嶼，而林剪往自彭亨國誘引賊眾來，與許二、許四等合爲一踪，刼掠閩、浙，邊方騷動。（註三一）此言浙、閩、粵三地倭亂肇始的原因，可見嘉靖年間的倭亂無不由私商引起，而其肇亂的因素在於中國奸商或貴官家之一再欺冒、失信，不肯償還貨款，致倭人喪失貲本，無法回國，終致釀成大亂，使東南沿海居民備嘗寇亂之苦長達六七年之久。

三、嘉靖二十年代寇亂與朱紈之掃蕩倭寇淵藪

倭寇自永樂十七年（應永二十六年，一四一九）於遼東半島金州的望海堝爲劉榮所討伐，傷亡慘重後百餘年間，雖偶有寇掠東南沿海州縣的事實，但災情並不嚴重。由於承平日久，海禁漸弛，故在洪武年間（一三六八～一三九八）由湯和、周德興等人所加強的各項海防措施，經百餘年後竟荒廢得不堪一擊，吏治亦甚腐敗。就福建言之：

福建多賢之鄉，廷論素所倚重，而濱海不理之口，流言亦能動人。故官斯土者，率以因循遷就，爲自全計。雖有巡按御史除姦革弊，然巡歷不過一年，交代則成故紙。蓋威福之柄，移於鄉評，是非之公，亂於野史久矣。如：軍國之需，重務也，徵收違限，重法也。惟福建則今年秋成，始徵去年額派。逋負相繼，侵欺莫稽。即此一事，有司之職守可知也。如總督備倭官黎秀，奉有專勑，以都指揮體統行事，海防其職守也。臣相見之初，問軍數不知，問船數不知。及今開報，則五水寨把總官五員，尚差職名二員，餘謄舊冊而

已，稍加較對，通不相合。總督如此，其他可知。又如漳州衛與漳州府同城，官軍月糧少派三個月；至於銅山等所，缺支二十個月，泉州高浦等所缺支一十個月，其餘多寡不等，無一衛一所開稱不缺者。又如銅山寨官軍一千八百五十九員名，見在止有二百五十八員名，行糧缺支八個月。玄鍾澳官軍九百一十九員名，見在止有二百三十八員名，行糧缺支二十個月。浯嶼塞(寨)官軍三千四百四十一員名，見在止有六百五十五員名，行糧缺支兩個月。又如戰哨等船，銅山寨二十隻，見在只有一隻；玄鍾澳二十隻，見在只有四隻；浯嶼寨四十隻，見在只有十三隻。見在者，俱稱損壞未修，其餘則稱未造。見犯指揮袁如珪，侵欺船料官銀至九百兩，今已三年。又如巡檢司在漳州沿海者，九龍鎭等處共一十三司，弓兵九百五十名，見在只有三百七十六名；在泉州沿海者苧溪等處共十七司，弓兵一千五百六十名，見在只有六百七十三名。至於居止衙門并瞭望墩臺，俱稱倒塌未修，無一衛一所一巡司開稱完整者。即漳、泉兩府如此，其餘可知。(註三二)

海防所倚賴者爲兵員、糧食、船隻、武器，及居止瞭望，如今其廢弛情形如此，全無所恃。與此相對的，賊船、番船則兵利甲堅，乘虛馭風，如擁鐵船而來；土著之民又公然放船出海，接濟倭寇。(註三三)在此情形之下，便內外合爲一家，其不攻刧水寨、衛、所、巡司者亦幸矣。

值得注意的是寧波事件以後，明廷加強海禁，對日本朝貢所爲限制之執行更嚴，「濱海奸人遂操其利，這種情形，日趨嚴重。初時私販爲商賈所主導，商賈率爲奸利，負其貲，多者萬金，

少不下數千，索之急，則避去。及嚴通番之禁，遂移之貴官家，而貴官家之負甚於商」。（註三四）因此，

番人近島坐索其負，久之不得，乏食，乃出沒海上爲盜。輒構難，有所殺傷，貴官家患之。欲其急去，乃出撼當事者。謂：「番人泊近島，殺掠人，而不出一兵驅之，備倭固當如是耶」？當事者果出師，而陰洩之，以爲得利。他日貨至，且復然。如是者久之，倭大恨，言：「挾國王貲而來，不得直，曷歸報？必償取爾金寶以歸」。因盤據島中不肯去。並海居民生計困迫者糾引之，失職衣冠士及不得志生儒亦皆與通，爲之鄉導，時時寇沿海諸郡縣。如汪五峰、徐碧溪、毛海峰之徒，僭稱王號。而其宗族、妻子、田廬，皆在籍無恙，莫敢誰何。（註三五）

在此情形之下，巡按御史楊九澤乃上言：

浙江寧、紹、台、溫，皆枕山瀕海，連延福建福、興、泉、漳諸郡，時有倭患。沿海雖設衛、所城池控制要害，及巡海副使、備倭都司督兵捍禦，但海寇出沒無常，兩省官僚不相統攝，制禦之法終難畫一。往歲從言官請，特命重臣巡視，數年安堵。近因廢格，寇復滋蔓。抑且浙之處州，與福之建寧，連歲礦寇流毒，每徵兵追捕，二府護（互）委事，與海寇略同。臣謂巡視重臣，丞（亟）宜復設，然須轄福建、浙江，兼制廣東潮州，專駐漳州，南可防禦廣東，北可控制浙江，庶威令易行，事權歸一。（註三六）

章下兵部，集諸司官員研究討論的結果，答覆如其言，但廣東潮州、惠州二府仍隸兩廣提督，有事則協心議處。世宗的批語是：「浙江天下首省，又當倭夷入貢之路，如議設巡撫，兼轄福建福、興、建、寧、漳、泉等處提督軍務，著為例。」（註三七）乃以朱紈為右副都御史，巡撫浙江兼攝福、興、泉、漳。紈尚未至任所時，泊寧波、台州諸近島之倭夷已登岸，攻掠諸郡邑無算，官民廨舍之被焚燬者至數百千區。（註三八）巡按御史裴紳因劾防海副使沈瀚，守土參議鄭世威，並乞「敕紈嚴禁泛海通番，勾連主藏之徒。」從之。（註三九）紈乃上〈疏〉言因鄉官干犯海禁而須革渡船之理由曰：

漳、泉地方本盜賊之淵藪，而鄉官渡船又盜賊之羽翼。臣反覆思惟，不禁鄉官之渡船，則海道不可清也，故不恤怨謗，行令禁革，以清弊源。聖諭所謂漳、泉等府豪民通番入海，因而刼掠沿海，軍民肆行殘害，甚則潛從外夷，敢行作叛。臣伏讀感發，仰知天高聽卑，明見萬里之外矣。臣思所以處之，行據福建按察司僉事項喬等建議，請重保甲之令，謂倭寇、番夷、佛郎機等賊，倚海為窟，出沒不時，誠難底詰。然此等非藉漳、泉之民，雖不禁之，而亦不來也。漳、泉之民，非能家於海也，孰無父母兄弟，孰無妻子，要必有出門之期，還家之日也。其造通番大船，豈能運之以鬼神，成之於旦夕乎；豈能不依山而立，傍海而住乎。然則豈無一鄰里鄉黨，知而見之者耶？顧下之人，畏惹禍而甘為隱瞞，上之人貴安靜而不貴伺察焉耳，正使責其伺察，亦不過排家立扁，虛應故事而已，則誰肯以迂

緩之令，而犯切近之災耶？不然，此法行之於閩久矣，何浙人歲多漳、泉之盜也。（註四〇）

繼則又言須嚴保甲之理由曰：

又據月港士民嚴世顯等條陳海道謂：「保甲之法甚切，濱海之俗舊嘗行之，而鮮有効者，以阻於強梁，弊於里老，且無官府以督成之，宜乎効之不終也」。又曰：「泉州之安海，漳州之月港，乃閩南之大鎮，人貨萃聚，出入難辯（辨），且有強宗世獲窩家之利，凡一鄉防禦之法，皆不得施。今一方世民，徒爲此等所累，莫不怨之入髓。每聞上司之至，皆以爲大有所更化，苟有以慰其望，百姓必謳歌於道，豈敢從之以作亂也哉」！臣以官其地者之言如是，居其地者之言如是，而海防大壞又如是，曰兵，曰食，曰船，曰衙門、墩臺等項，計非歲時所能整頓，而夷船、賊船乘風往來，瞬聰千里，又非倉卒所能捍禦。臣反覆思惟，不嚴海濱之保甲，則海防不可復也。（註四一）

乃下令禁海，凡雙檣餘艎，一切毀之，違者斬。並日夜練保甲，嚴糾察，不斷找尋舶盜淵藪，予以搗毀，誅殺。

嘉靖二十六年（天文十六年，一五四七）十月，忽有流賊數百由安溪龜湖地方突至泉州府同安縣東門外，擄刼鄉官郭貴德、吳潛家人，及封官劉恭，僉事林希元等之家財。隨後本縣知縣王仲玉，縣丞萬善，督兵交戰，斬首二顆，奪回旗幟；鄉兵被殺四名。朱紈認爲前項賊徒雖非海道出沒，但地方緊急，難分彼此，乃一面行分守福寧道右參政吳鵬等，帶領官兵前往督捕，一面行委守備汀漳以都揮體統行事署指揮僉事俞大猷，沿途雇募鄉夫，出長泰等縣地方邀其歸路，及行長泰、漳平、永定等縣，分頭把截山隘，一面咨行接管提督南贛、汀、漳等處軍務右副都御史龔輝會行外，巡按福建監察御史金城，親詣泉州督率福寧道僉事佘爌帶領官兵，由安溪多卿地方前往會捕，擒獲賊犯楊薰卿等九名。(註四二)如據朱紈的奏報，嘉靖年二十六年十月當時倭賊擄掠的情形是：

o十九日，有流賊一夥二百五十名，由永定龍巖縣集賢里迷魂嶺而來，在本縣地名九鵬上羅坪頓箚，聞知各處隘路俱有兵夫把截，本日午時向往龍巖縣萬安里地方，在路上擄民衆劉佛安戶丁一人去訖。

o二十三等日，巡捕典史陸鈇幷保甲黃元佑等，擒獲賊人黃福生等三十五名，彼輩係二十一日打刼廣東潮陽縣鄉官陳剛宅賊夥，俱惠來、揭陽、海豐等縣地名三溪村等處賊首許三秀等所糾集者。

o三十日，倭賊殺死吳來福、黃循德、杜伯傑、杜陽理、杜陽輦、李宜英六名，打死郭氏一口，虜去鄉官知縣郭貴德幷男婦八口，用銀一千五百兩贖回。又虜知縣吳潛家男婦三口，用銀二百七十兩贖回。又虜民人郭養素家男婦七口，用銀一千兩贖回。又虜郭君學家人子長一名，並張魁仔、陳三、蕭春仔、張汝定、李淵仔五名，俱已放回。其郭貴德、吳潛、郭養素、郭君學，幷封官劉恭，僉事林希元，民人鄭體仁、劉以讓、劉以禮、劉君在、洪子浩、林元德、鄭汝鑑、黃汝敬各家財物俱被刼去。該賊又殺死兵夫王德、祭旗，及一寡婦。

由此觀之，此一時期的倭賊不僅搶奪財物，殺、擄官、兵、民人，也還利用所擄之人以獲鉅額贖款。

朱紈雖欲蕩平倭寇淵藪雙嶼港，然因雙嶼等島賊船負固蟠結，乃督指揮張漢，千戶劉定、夏綱，百戶張華，福清縣縣丞廖日恒，管領福州府福清兵船三十隻，漳州府龍溪縣報効義勇唐弘臣、劉大員、趙光器、林長貳、余儀、廖景茂等，於嘉靖二十七年二月十八日，督發開洋前往浙江溫州松門海門停泊；會同浙江巡視海道沈瀚所查選沿海堪用官兵，默定約束聽候進取。前此十三日，福建都指揮使司軍政掌印署都指揮僉事盧鏜奉朱紈命，哨「探賊船下落，即督兵船，或圍困，或邀擊，或出其不意，爲擣穴焚巢等計，緩急相機行事，務期萬全」，故於十五日齊至海門衛港內灣停泊，選撥蒼山船戶林望、戴景等，松門等衛並臨海縣船共三十隻，箚委把總指揮俞亨管領隨䑸，與福建兵船俱於本月二十六日督發開洋追剿。（註四三）

如據朱紈的奏報，官軍於四月初二日，在爵谿所瞭見伍罩山有大賊船一隻向東南行駛。紈慮恐兩省人心不齊，乃分撥義勇唐弘臣、余儀、王宗善、唐弘奇、劉大員、余奇、陳孔成、陳志、林國斌等二十名，坐駕林望等船，薛佑、李光守、余文等二十名，坐駕戴景等船各一隻，追至九山大洋，與賊敵對。其間，百戶張鏵奮勇當先，督領福清王伯達、鄭一顯、陳大紀、王輝七、林豪二、魏德平等之兵船六艘齊至，指揮張漢、僉亨，千戶劉定、夏綱，縣丞廖日恒並本職家丁盧宗舜等各船繼至攻殺。番賊之落水者不計其數，斬獲首級二顆，生擒日本倭夷稽天、新四郎二名，賊犯林爛四等五十三名，及奪獲本船一艘。陣亡兵夫有王文貴、魏管四、魏來助、葉王毛等四名，受傷者則有魏興八、張尾六等二十五名。（註四四）

初五日，把總指揮潘鼎、張四維擒獲雙嶼港賊首李光頭，船內接濟酒、米。巡視海道副使魏一恭，總督備倭署都指揮僉事朱恩，各督兵船、火器前來策應。明日，紈與督兵俱至雙嶼賊巢。賊放草撇哨馬船二隻前來誘敵，李光守以鳥銃打死賊徒一人。因此，賊船乃於收入港內後，無論如何挑釁，均不出應戰。是夜風雨，昏黑。次日寅時，雙嶼賊船突駕出港，指揮張漢，縣丞廖日恒等兵船追敵。其間，紈一面督委定海衛縣千戶王守元，典史張賢，帶兵入港搜邏，將雙嶼賊所建之天妃宮十餘間寮屋，賊所遺棄大小船二十七隻，俱各焚盡。之後，原調蒼山等船追至海閘門糊泥頭外洋、橫大洋二處，齊放銃砲，擊破大賊船二隻，沉水賊徒，死者不計其數。（註四五）

紈於擒斬元兇，蕩平巢穴後，命盧鏜、魏一恭相機進剿，就於雙嶼分兵屯據爲立營、戍守之規，共圖一勞永逸之計，及申明賊據雙嶼，則賊處其逸，我據雙嶼，則賊當其勞之說未據回報。一聞九山洋之捷，平時以海爲家之徒，邪議蠭起，搖惑人心，沮喪士氣。魏一恭回稱福兵均不願留雙嶼，其故在於雙嶼四面大洋，形勢孤危，難以立營戍守，只塞港口爲當。（註四六）因此，紈乃扶病親臨會視，並會同守巡備倭等官，委官度量深廣，工料多用樁木，滿港密釘，仍採山石亂塡。樁內使樁、石相制，使之衝激不動。潮至則淤泥漸積，賊至則拔掘爲難，庶不託之空言。（註四七）由於雙嶼港被塞，故番舶後至者不得入，乃分泊南麂、礁門、青山、下八諸島。（註四八）

另一方面，澉浦所於十月二十六日飛報賊船停泊南海口，登岸殺擄軍民，爲紈所討伐。（註四九）十一月十三日，被擄逃回民人王記口稱：賊首王老、蘇老、陳總老、三師老，共坐大船四艘，草撇船三艘，從馬蹟潭舟山駛至松門大陳海山繫泊。紈乃躬親統兵船於大小門黃、次乾江等處議渡螞洋，埋伏松門港。次瞭有賊船停泊竹嶼，適爲颶風所阻。至二十七日，夜發大壇。二十八日黎明，直抵竹嶼大陳，搜獲被擄犯人許貴、朱三、李保、應繪、萬欽員、應柔、應東年、應東連、應文彩等九名。經審問結果，稱：賊聞官兵追捕，遂冒風雨向南遁去。十二月十一日，至馬喦埋伏，進取南麂，捕獲賊首黃老才、黃連等俱漳州府詔安縣人，方漢元泉州府同安縣人，吳恕、馮宗磓等浙江臨海縣人，葉本黃巖縣人，葉茂二、許三等，俱寧波府鄞縣人，薛三娘潮州府潮陽縣人，蔡貞娘、林院女俱詔安縣人。此外，又鹵獲賊船及大量兵器。（註五〇）

由於朱紈嚴厲執行海禁，沿海居民，尤其閩人，不僅資衣食於海者，驟失重利，就連士大夫家亦感不便，竟欲予以沮壞。遂宣言被擒者皆良民，非干犯海禁勾結賊黨者，以搖撼人心。並且又挾制官府，要他們在量刑時從犯採被擄的法律，重罪者則比照強盜拒捕的法條來處置。因此，朱紈乃上〈疏〉曰：

今海禁分明，不知何由被擄？何由脅從？若以入番導寇爲強盜，海洋敵對爲拒捕，臣之愚暗，實所未解。（註五一）

遂以便宜行戮。朱紈執法旣嚴厲，又說：「去外國盜易，去中國盜難；去中國瀕海之盜猶易，去中國衣冠之盜尤難。」（註五二）因此，勢豪之家皆懼。而吏部竟用出身閩地的巡按御史周亮及給事中葉鏜之言，奏改紈爲巡視，以殺其權。御史陳九德又劾其九山洋之捷時擅殺渠魁李光頭等九十六人，遂致失位，仰藥而死。（註五三）

自紈死後，「罷巡視大臣不復設，中外搖手不敢言海禁事。浙中衛、所四十一，戰船四百三十九，尺籍盡耗。在台州海門衛者十有四，爲黃巖外障。副使丁湛盡散遣之，撤備弛禁。」（註五四）在此情形之下，一聞賊至，即各鳥獸散，室廬爲空。即使有官兵抵禦，亦輒望風奔潰。於是寇亂遂蔓延於閩海、浙直之間。（註五五）

四、徐海一夥的肆虐

《明世宗實錄》，卷三五〇，嘉靖二十八年七月戊辰朔壬申條云：

初，巡視浙福右副都御史朱紈旣報浯嶼擒獲夷王之捷，隨奏夷患率中國並海居民爲之前後勾引，則有若長嶼喇噠林恭等；往來接濟，則有若大擔嶼奸民姚光瑞等，無慮百十餘人。

今欲過止將來之患，必須引繩排根，永絕禍本。乞下法司議，所以正典憲戚奸慝者。紈尋去任，都察院議下巡按福建御史轉行巡視海道都司等官緝捕前項奸徒，并土豪爲淵藪者悉正以法。至于見獲佛郎機國王三人，亦宜審其情犯，大彰國法，仍移檄各處，有能告捕魁惡者重賞，首改自新者，聽免本罪。且浙、福海患相沿，出此入彼，宜令兩省諸臣一體會議施行。報可。

又云：

按：海上之事，初起于內地，奸商王直、徐海等常闌出中國財物，與番客市易，皆主于餘姚謝氏。久之，謝氏頗抑勒其值，諸奸索之急，謝氏度負多不能償，則以言恐之曰：「吾將首汝于官。」諸奸既恨且懼，乃糾合徒黨番客夜刼謝氏，火其居，殺男女數人，大掠而去。縣官倉惶申聞上司云：「倭賊入寇。」巡撫紈下令捕賊甚急，又令並海居民有素與番人通者，皆得自首及相告言。于是人心洶洶，轉相告引，或誣良善。而諸奸畏官兵搜捕，亦遂勾引島夷及海中巨盜，所在刼掠，乘汛登岸，動以倭寇爲名，其實眞倭無幾。是時海上，承平日久，人不知兵，一聞賊至，即各鳥獸竄，室廬爲空。官兵禦之，望風奔潰，蔓延及于閩海、浙直之間。調兵增餉，海內騷動，朝廷爲之旰食。如此者六七年，至于竭東南之力，僅乃勝之，蓋患之所從起者微矣。

此言浙江巡撫朱紈失位後，東南沿海地區發生倭患的緣由，及官軍的應變無方，致使當地居民飽受其害。

朱紈被黜後，非僅不復設浙江巡撫征剿倭寇，竟聽從御史宿應參之請放寬海禁，遂使船主、土豪，更加連結倭商，爲奸日甚。官司雖目睹此狀，莫敢誰何。當時有徽州歙縣人王直，因事亡命走海上，爲船主渠魁，倭人愛服之，稱爲五峰船主。其黨徐銓、毛勳、徐海、彭老等，不下數千人，俱列兵近港。乘大船，爲水砦，且築屋於港上諸山。時時出入近洋，焚掠附近居民。迄至嘉靖三十一年（天文二十一年，一五五二）四月，遂登陸犯台州，破黃巖縣，殺掠甚慘；復四散大掠象山、定海等地。巡按御史檄知事武暐抵禦。暐突入賊中，遇伏，兵衆潰走，暐死之，浙東爲之騷動。（註五六）

六月，巡按御史林應箕上奏倭寇焚刧地方的情狀，因參署海道副使李文進，分巡副使谷嶠，僉事李廷松，參議李寵、顧問，及備倭把總等官周應禎、周奎、楊材等，各失事，當治給由；海道副使丁湛，新推備倭指揮張鉄，皆臨難規避，宜並罰。結果，丁湛罷爲民，以李文進代之。張鉄革回原衛，以周應禎代之。仍各同李寵、顧問、谷嶠、李廷松、周奎、楊材等住俸，戴罪殺賊。林應箕擅准專勅官給由離任，仍奪俸三個月。（註五七）於是給事中王國禎，御史朱瑞登交章言：

海洋不靖，由朱紈得罪。後裁革巡視都御史，故三省軍民無所鈐（鈐）轄，雖設有海道副使，而權輕不便行事，往往至狼狽失職，如丁湛、李文進等已事可驗也。請復設都御史

使。（註五八）

〈疏〉下吏、兵二部。吏、兵二部覆議的結果，以國禎、瑞登等言爲是。但巡視都御史，必當兼假以巡撫總督之權，使之節制各省，方可責其成功。其閩、浙兩省，仍各添設參將一員，駐箚邊海地方。世宗從其議，暫設巡視浙江兼管福、興、泉、漳提督軍務大臣一員，督兵剿倭。其兼管巡撫等項，須待賊平議處；參將准添。（註五九）七月，以都御史王忬巡視浙江海道，及福、興、漳、泉地方，尋改巡撫。（註六〇）

三十二年（天文二十二年，一五五三）二月，倭夷犯溫州，參將湯克寬等率舟師破之，俘十一人，斬二十八級，餘多溺死。巡視王忬以捷聞，詔賞忬及克寬等功。（註六一）

閏三月，渠魁王直糾漳、廣群盜勾集各島倭夷大舉入寇，連艦百餘艘，蔽海而至。南自台、寧、嘉、湖，以及蘇、松，至於淮北，濱海數千里，同時告警。（註六二）四月，倭攻破昌國衛，屯據凡五日，兪大猷以舟師攻退。當時有蕭顯者尤桀狡，率勁倭四百餘人，攻吳淞所、南匯所，俱破之，屠掠極慘。分掠江陰，圍嘉定太倉。已而王忬遣盧鏜倍道掩擊，斬蕭顯，餘衆復奔入浙。（註六三）

五月，倭圍參將湯克寬，參政潘恩，僉事姜頤於海鹽，環四門攻之，不克，乃縱火焚城樓及民居數百間而去。未幾，倭攻乍浦所，知縣羅拱辰督兵來援。倭引去，流刼奉化、寧海等處。克寬追圍於獨山民家，以火焚之。賊半死，餘衆奪道逃亡海上。（註六四）

當時諸倭巢穴既燬，王直、徐海等奔散四出，倏忽千里。於是自台、溫、嘉、湖、寧、紹、蘇、松、淮、揚十郡，俱罹其害，同時告急。（註六五）如據徐學聚《嘉靖東南平倭通錄》的記載，太平府同知陳璋等於本年七月擊斬倭首千餘級，餘衆出海東遁，江南因而稍寧。十月，有倭舟錯過汛風，飄至興化府南日舊寨，登岸流刼。殺千戶葉巨卿。把總指揮張棟，督舟師擊倭，倭走，據山。知府董士弘糾集民兵、獵戶，與棟等合勢圍賊，殲之。當時海洋並岸諸島，多栖寇舟。有眞倭爲風汛所阻，無法東返者；有沿岸奸民搶刼江南豪族，等候來歲倭至者。時倭據太倉南沙五月餘，官軍列艦於海口，圍之數重，不能破。而軍中多疾疫，乃佯棄數舟，開壁東南陬，賊遂潰圍出海，轉掠蘇、松各州縣。由於王忬無法撲滅倭亂，明廷乃以張經總督浙、福、江南北軍務。經請調永順、保靖等宣慰司，各率兵剿賊。迄至三十四年（天文二十四年，一五五五）正月，《明史》〈日本傳〉云：

> 賊奪舟犯乍浦、海寧，陷崇德，轉掠塘棲、新市、橫塘、雙林等處，攻德清縣。五月，復合新倭，突犯嘉興，至王江涇。乃爲經擊斬千九百餘級，餘奔柘林。其他倭復掠蘇州境，延及江陰、無錫，出入太湖。

鄭若曾《籌海圖編》卷八〈寇踪分合始末圖譜〉記此賊爲徐海之同夥。有關徐海之來歷，容於後述，在此先言其寇掠情形。

由徐海所率領和泉、薩摩、肥前、肥後、津州、對馬之倭寇，於三十四年元旦，與柘林賊數千，乘新年地方無備，出沙口焚掠而行，於犯乍浦、海寧（註六六）後西犯崇德。崇德因初築城未完工，於初九日淪陷，執一儒學官，一縣尉，予以殺害。縣尹惶懼，匆忙踰城出，折臂傷足，扶避村落民家。賊所寶貴者爲絲綿，入葉序班家，見絲綿庫廣，踊跳而喜。獲鄉官太守姚汝舟，刼其家衆，用千金贖還。姚既脫虎口，憤怨官兵逗遛不進，赴軍門控訴，始督兵進剿。二十三日，先鋒丁總戎駐兵方準備飲食，會大風起，賊穿戴民衆服飾至軍前謊稱寇至。兵方卸甲，置器待食，即錯愕而視。賊伏起掩擊，官軍大潰，覆千餘人，由是賊勢益振。掠入雙林，出南潯。湖兵熟於水戰，邀擊頗勝。賊棄輜重二十餘舟，復抵杉青。次日，嘉興兵與賊戰，止獲四賊，而喪師三千，沒官十二員。賊得勝，復還柘林。（註六七）

柘林倭又轉掠塘棲、新市、橫塘、雙林等處，復攻德清縣，殺把總梁鶚，指揮周奎、孫魯，百戶陸陵、周應辰，副理問、陶一貫等。（註六八）巡撫李天寵束手無策，惟募人縋城，自燒附郭民居而已。張經時駐嘉興，援兵亦不時至，副使阮鶚，僉事王詢，竭力防禦，僅免失陷。（註六九）

二月一日，犯平湖，置長梯攻城。城上落大石，殺數賊。賊奔逃，轉掠嘉興府。《籌海圖編》卷五〈浙江倭變紀〉所謂：「二月，攻嘉興府——賊掠湖州而回，復攻府城。」即與此相對應的文字。

三月，總督張經所調集瓦氏等客軍先後抵達，而新場、下沙及閘港、川沙之賊攻上海，柘林賊亦一再攻金山，但張經不輕易出師。《金山倭變小誌》所言：「三月辛丑，總督張經以田州瓦氏兵屬俞大猷守金山。」相當於此。《倭變事略》言瓦氏兵云：

> 三月十二日，廣西田村瓦氏兵，暨白都閫，湯、盧二總戎，羅、任二兵憲，丁、樂二總戎諸兵入城，以吾〔海〕鹽爲吉方，往鎭一帶沿海要地，兵號二十四萬，屯金山，搗賊巢。賊聞之懼，退保柘林，堅壁不敢出。瓦氏，土司岑彭妾也。以婦人將兵，頗有紀律，秋毫無犯。

「兵號二十四萬」，固爲誇大之辭，但於賊之四周配置官兵，則是事實。

四月八日，諸帥揚兵出哨，遇賊，擊殺九賊而覆兵三百。明日，瓦氏姪恃勇獨哨。賊復掩擊，瓦氏姪殺六賊而人、馬俱斃。瓦氏來海上，銳欲建功，數請出戰。諸將集議於軍門，輒以固守爲上策，多觀望不進。至是其姪陣亡，瓦氏遂鬱鬱不得志，有歸與之念。當時官軍大會剿，哨兵兩戰不利，賊復鼓氣攻侵。官軍運餉、薪、魚鮝至張堰，被賊掠去二十六舟，獲糧二千餘石。軍門乃移文至各縣，備乾糧及役夫，往金山刈麥，以便擒賊。（註七〇）二十一日，賊分一枝，約二三千，南來金山。白都司率兵迎擊，被圍數重。瓦氏奮身獨援，縱馬衝擊破重圍，白乃得脫。（註七一）

二十三日，賊自金山之戰後，歷乍浦，次海鹽，至礪頭門。聞澉浦火砲連聲不絕，復轉由海鹽城西官塘，抵璵城。（註七二）《倭變事略》對此賊之日後行動雖有詳細記載，但最能把握其攻防情勢及勝利意味者，則爲《明世宗實錄》，卷四二二，嘉靖三十四年五月甲午朔條之如下記載：

柘林倭合新倭四千餘人，突犯嘉興。總督強（張）經分遣參將盧鏜督狼、土等兵水陸擊之。保靖宣慰使彭藎臣，與賊遇于石塘灣，大戰，敗之。賊遂北走平望。副總兵俞大猷，以永順宣慰司官舍彭翼南兵邀擊之，賊奔回王江涇。保靖兵復擊急（急擊）其後，賊之（遂）大潰。諸軍共擒斬首功凡一千九百八十人有奇，溺水及走死者甚眾，餘賊不及數百，奔歸柘林。

並以「自有倭患以來，東南用兵，未有得志者，此其第一切（功）云」作結語。此後，徐海徒黨之寇蘇州方面者，爲兵備副使任環平定於平望、陸涇壩，官軍大捷。（註七三）

另一方面，來自三丈浦的倭賊，分衆掠常熟、江陰村鎮，於攻無錫後爲任環所破。《籌海圖編》卷六〈直隸倭變紀〉以「兵備副使任環擊敗三丈浦之賊」而言：「俘斬貳百八十有奇，而我兵未損一人。自用兵以來，旱戰全捷，未有如此者也」。三丈浦敗倭與陸涇壩敗倭，合踪寇常熟。〈直隸倭變紀〉云：

常熟知縣王鈇，與致仕參政錢泮，禦賊於上塘港口，皆死之。——三丈浦之賊，爲任環所敗，勢已破沮。值陸涇壩敗遁之寇，與之合踪，復肆猖獗，欲攻縣城。鈇、泮率兵禦之。賊佯爲村民避賊，若依官兵爲援者。官兵方共惜之，倏爾起鬥，兵士驚潰。鈇、泮猶督戰不已，遂皆遇害。

《明世宗實錄》，卷四二一，同年四月乙丑朔戊子條並見此事。賊殺王知縣後，其勢益大，且與太湖賊合踪，肆行寇掠，但又於三丈浦爲任環所破。

如據《籌海圖編》卷一〇〈大捷考〉「陸涇壩之捷」條的記載，賊之一部千餘人流突李搭匯，往泖湖，爲任環敗於陸涇壩而散逸，奔常州宜興與湖州長興。

《明世宗實錄》，卷四二四，嘉靖三十四年七月癸巳朔癸丑條有如下記載云：

江南金涇、許浦、白茆港諸倭，俱載舟出海。總兵俞大猷督各水兵，把總劉堂、大雷、餘昂等，引舟師還擊于茶山，縱火焚具（其）舟。餘賊走首蹟山、三板沙。我兵復追擊之，壞其三舟。凡斬賊首六十七級，生擒四十二人。是時，江陰蔡港倭，亦引舟出洋。我兵分擊于馬蹟、馬圖、寶山等處，共擒斬九十餘賊。值颶風大作，賊舟多溺，官兵船壞損者亦衆。次日，柘林賊亦載舟出洋，爲我兵衝擊。及海風簸蕩，沉沒二十餘舟。餘賊復回泊海港，登岸刼掠。

可見賊寇相繼出海而爲官軍所敗。迄至八月，亦復如此。《明世宗實錄》，卷四二五云：

辛未（九日），柘林倭賊載舟出海。僉事董邦政，總兵俞大猷，各督所部水兵分哨擊之，斬首七十有奇，獲船九艘。邦政以嘉定兵擊賊于寶山，獲，斬首九十八級。

許重熙《嘉靖以來注略》卷四並見此事。四日後的乙亥則：

柘林開洋賊，遭風壞三舟。餘賊三百有奇，自蔡廟港登岸，流至華亭縣陶宅鎮，據之。

《籌海圖編》以為此係徐海一夥，因徐海據陶宅，柘林賊巢方得經兩年始空。〈直隸倭變紀〉將此繫於七月，言：「柘林賊攻陶宅」。崇禎《松江府志》卷四九〈兵燹〉，則以此事發生於八月十八日，曰：

柘林賊艘約五百餘，開洋遭颶。備倭王世科，把總劉堂等，各駕船乘勢追擊。覆賊大船二隻，斬首二百八十級。又飄賊船二十餘，入吳淞口。賊復回柘林，止存九十八艘。……其八團賊徐海，乃移據陶宅，柘林之巢始空，居民井舍，蕩無一二存者。

據該《府志》的記載，徐海等移據陶宅的原因，在於浙江巡撫胡宗憲遣王沛伏擊其遁去。

十月，陶宅倭見官兵四集，夜走周浦，屯永定寺，官兵予以追圍。此時，柘林開洋賊九艘，復回登岸，為巢於川沙窪，（註七五）致該處之賊船集至四十餘艘，而繼至者未已。因此，副總兵俞大猷被問罪。世宗下詔姑責取死罪，殺賊立功。（註七六）

三十日，倭賊二百餘人，自樂清縣岐頭登岸，流刦黃巖、僊居、寧海，所過焚掠，官兵未能抵禦。至楓樹嶺，慈谿縣領兵主簿畢清見殺。遂至餘姚，由上虞渡曹娥江犯會稽，（註七七）但為官兵所迫，閏十一月二十一日奔敗於東關、丁村等處，遂走登龕山。典史吳成器等，督衆剿滅之，前後共斬首一百二十餘級，（註七八）自彼輩從樂清登陸起，經五十餘日始滅。

五、徐海之滅亡

前文已說，王忬因無法平定日漸猖獗的倭寇，乃由張經繼其職。經雖在王江涇立了大功，但為當時到江南祭海兼督察軍情的工部右侍郎趙文華所誣陷而失位，下獄論死。繼經之職位者為周琉，但琉亦為文華所陷，在職僅約一個月而下臺，以削籍落幕。琉後由楊宜擔任總督，他懲於經之下場悲慘，事事阿諛文華，致為文華所輕，而御史邵惟中又論其闇淺，故其在職期間也只有約七個月，於三十五年（弘治二年，一五五六）二月，由文華之同夥胡宗憲繼其任。

同年三月二十七日，倭船四十餘艘至乍浦登岸，流刼松江、嘉興等處。（註七九）四月十一日，倭船二十餘艘自浙江觀海登岸，攻破慈谿縣，殺鄉官副使王鎔，知府錢煥等，大掠而出，軍民死者數百人。十八日，復攻入慈谿。當時兩浙俱被倭，而浙東則慈谿焚殺獨慘，餘姚次之。浙西柘林、乍浦、烏鎮、皂林間，皆為賊巢，前後至者二萬餘人。巡按御史趙孔昭以聞，世宗乃「詔總督胡宗憲，亟圖剿寇方略，各處調兵，巡撫官有滯留不發者罪之。」（註八〇）

二十三日，倭寇萬餘，趨浙江皂林等處。佐擊將軍宗禮，帥兵九百人禦之於崇德三里橋，三戰俱捷，斬首三百餘級。賊首徐海等皆辟易，稱為神兵。會橋陷，軍潰，禮與鎮撫侯槐、何衡，忠義官霍貫道均陣亡。賊乘勝攻桐鄉，不克。（註八一）未幾，胡宗憲用計解桐鄉之圍。如據〈浙江倭變紀〉的記載，此賊為徐海、陳東之徒黨。該〈倭變紀〉又謂：「五月，浙東賊復入慈谿，焚縣治，攻龍山所」。且言：「賊分二支，一入縣治，一攻所城，為龍山兵所擊，死者數十人，乃解去」。更言：

賊首周乙就擒——乙統賊四千餘，刼慈谿不已，而延及餘杭，為浙東之大患，至是就擒。

前文已言徐海一夥蹂躪浙江沿海各縣，造成莫大災害事。海之來歷雖不詳，但他之被視為渠魁，可由南京都御史金濂於建議懸賞俘馘賊首時，將其列為次於王直者，言：「有斬獲黨酋如明山和尚輩者，授指揮僉事，賞銀三百兩。」（註八二）獲得佐證。《籌海圖編》卷八〈寇踪分合始末圖譜〉言周乙與徐海同夥。

徐海係徐銓之姪，與胡宗憲、王直同為徽州歙縣人。年少出家，為杭州大慈山虎跑寺僧，稱明山和尚。還俗時間不詳。徐銓即徐惟學，又名碧溪，原為鹽商，因生意失敗而加入私販行列。（註八三）鄭舜功云：

徐海即明山，為虎跑僧，法名普淨。嘉靖辛亥（三十年），海聞叔銓誘倭市列港，往謁之，同行日本。日本之夷初見徐海，謂中華僧，敬猶活佛，多施與之。海以所得隨繕大船。明年壬子，誘倭稱市於列港。（註八四）

亦即徐海於隨其叔銓前往日本之際，因獲彼邦信徒之鉅額布施，因而得繕貿易所需之大船，於三十一年引誘日本人至列港貿易。可是當

時銓與王直奉海道檄，出港拏賊送官，而海船倭每潛出港，刼掠接濟。貨船遭刼掠者，到

列港復遇刼掠，賊倭陽若不之覺，陰則尾之，識爲海船之倭也，乃告王直。王直曰：「我等出港拏賊，豈知賊在港中耶？」隨戒海。海怒，欲殺王直。而銓亦復戒海，乃止。海復行日本。（註八五）

其叔銓似因此與直交惡，故此後無王、徐一起行動之紀錄。鄭舜功言海在那以後之行動曰：

歲甲寅（三十三年），誘倭入朝。明年乙卯，大肆寇掠，乃於崇德虜妓王翠翹、王綠姝等以去。其弟洪光自廣東附許二船至倭會海，告以叔銓爲廣東官兵所滅。明年丙辰，海乃糾結種島之夷助才門即助五郎，薩摩夥掃部日向彥太郎，和泉眾細屋，凡五六萬眾，船千餘艘，欲往廣東爲銓報讎。商輩聞曰：「浙海市門爲其所閉，今後至廣東，我等無生意也，伺他去時，合拏送官，免閉市門。」海聞，懷懼，遂不赴廣東，乃向直、浙。船行洋中，多遭漂沒。而海仍部二萬餘，會陳東、葉明，肆掠直、浙地方，隨與陳東圍桐鄉。（註八六）

如據這段文字與《籌海圖編》的記載，則以徐海一夥之名義寇掠浙、直沿海州縣，係在三十三年正月以後，而本年八月已有其獨立組織，亦即蕭顯等五月敗於松江，南奔而就滅於慈谿之後。〈直隸倭變紀〉以爲徐海勢力之強大到能夠分踪出掠的時期爲三十四年四月，距其成爲賊首，僅年餘而已。就如前文所說，其部下於四月爲官軍擊殺於王江涇，傷亡慘重。張經〈自理疏〉所云：

及四月二十日，永順、保靖兵至。具（其）日巢倭四千餘，突犯嘉興。臣即委參將盧鏜督

> 保靖兵援嘉興；委俞大猷督永順兵，由抑（泖）湖間道趨平望，以扼賊路；令湯克寬引舟師從中擊之，一戰而勝，凡斬馘一千九百有哥（奇），焚溺死者無算，賊氣遂餒。（註八七）

即相當於此。海於王江涇受重創後，仍繼續寇掠，而胡宗憲之於八月遣王沛候其遁去，予以攻擊，始將其柘林巢移至陶宅事，則如前文所言。

海何以非報其叔銓之仇不可？《嘉靖浙江通志》卷六〇〈經武志〉云：

> 先是，劇賊徐惟學（即徐碧溪）以其姪海（即明山和尚）質於大隅州夷，貸銀數十兩使用。……而惟學竟為守備黑孟陽所殺。其後，夷索故所貸金於海。令取償於寇掠。至是，海乃與夷酋新五郎聚舟結黨而來。眾數萬，寇南畿、浙西諸路。

《明世宗實錄》以為徐銓之受指揮黑孟陽追擊而沉於海，係在往廣東私販後的歸途——潮州海上，〈寇踪分合始末圖譜〉並見此事。如據此一記載，則銓死後，因大隅的債主向海索討其叔之借款，海乃率夷酋新五郎至中國寇掠，而以海為首之賊二萬餘，係於三月下旬抵大陸。（註八八）在此一時期寇掠浙、直沿海地區者，雖未必俱為海之徒黨，然如批閱《明世宗實錄》、《倭變事略》、《嘉靖東南平倭通錄》，自可知海為其主力。海既無法將與其聯袂而來之諸夷酋加以統率如脅從者，又完全為倭夷而使他們刼掠祖國，故似有自責之念。《倭變事略》卷四云：

> （三十五年二月）二十六日，水陸賊合眾約萬餘，分寇各地。時賊首徐海、葉麻（一作麻

葉），覘知嘉、杭兵調松江搗巢，各地無兵可恃故也。海率先圍乍浦，壞民室爲臺，高於城。置薪臺上，覆以青麥，縱火焚之。烟噴入城，守卒不能立，城幾陷。兵憲劉公，躬督男婦，運石擲下，賊稍不敢近。旬日外援不至，用健卒善水者，伏水從間道馳祔軍門，請援兵。軍門擇四月四日出兵往援，竟愆期，幸賊自退。

海係自動解圍離去，由此可知他當時之心情。《倭變事略》卷四又說，海於解乍浦之圍後，續掠海鹽、皀林、烏鎮等城鎮，且云：

（四月）二十日，河朔兵有將軍宗禮，裨將霍貫道，調守嘉興。遇賊，戰於皀林，各有斬獲，賊敗去。二十一日，賊登樹而望，見宗等孤軍陷於水濱，且無他援，即縱兵掩擊之。師敗，二將死焉。

《嘉靖浙江通志》卷六〇〈經武志〉則詳言其作戰經過云：

參將宗禮，與裨將霍貫道等，厚集其陣合擊，殺數十人。會日暮，賊引去。時賊勢雖窘，而宗禮、霍貫道等亦已絕嚮道，不得擇善地休止。賊覘知二將孤壘無援，復縱兵出戰。宗禮、貫道，河朔驍將也。大呼眾力戰，矢砲如雨下，人一當十，復擊殺數十百人。而宗禮、貫道各手刃十餘人，賊益怖，海且中砲馳去。貫道面宗禮仰天呼曰：「再得藥數斗，吾兩人可以丁此賊矣！」賊覘知火藥盡，復來戰。貫道與宗禮俱陷眾大敗，賊遂乘勝圍桐鄉。

《明世宗實錄》評其防禦戰云：

是役，論者謂：「兵興以來，用寡敵衆，血戰第一功」。禮雖陷敗，然海亦病創奪氣。未幾，遂就撫云。（註八九）

即徐海也在此役負傷，因病創奪氣，故旋就胡宗憲之撫。宗禮、霍貫道兩將軍陣亡後，世宗贈禮都督同知，諡忠壯，廕一子世襲；貫道贈光祿寺丞，任一子知印出身。（註九〇）

四月二十三日，新任浙江巡撫阮鶚，輕舸入城中，督師防禦，五月初旬請援於胡宗憲。當時宗憲已引兵躡崇德，聞宗禮、霍貫道二將之死，潸然流涕曰：

河朔之兵既敗，此間事殆笈笈矣！賊已困桐鄉，假令復分兵困崇德以刼我，我與阮兩人猶抱而自沉也，朝廷所以付託我輩者且奈何？（註九一）

故未遣兵援助，而還省城檄諸路兵爲戰守計。前此，蔣洲、陳可願等奉宗憲之命赴日招撫王直，而可願在此時已返國，乃遣陳可願、蔡時宜、朱尚禮等人至徐海處，提出：「願歸者德，資之以舟；降者留，封之以職。」的條件。《倭變事略》以陳可願爲蔣洲，然當時蔣洲尚在日本，故其紀錄有誤。

當時「諸賊所掠錙貨既多，陸行則人不能任，水行則海不能渡，計正坐窘。」（註九二）故可願等所提條件適慰其欲。宗憲又遣人至海所，言王「直已遣子款定海關，朝廷且赦之矣，若不乘此時解甲自謝，他日必將爲虜。」（註九三）海然其計，於是遣酋自謝，約罷圍去。因以要宗憲貨遺其他倭酋而〈疏〉釋其罪。宗憲佯諾，因以銀牌綺幣厚贈來謝倭酋，而密令營中壯大兵容，私諜者故意讓倭酋觀看。倭酋既獲豐厚禮物，內心又懼怕兵威，返回後報於徐海。次日，復遣他酋來謝，宗憲待之如初。凡數次往來，海於是始歸心於宗憲，願爲宗憲死。然陳東內心疑海私取宗憲之饋贈，猶鞅鞅未從。（註九四）《明世宗實錄》云：

浙直總督胡宗憲，遣使至桐鄉，諭賊首徐海、陳東解圍。海聽命，歸我俘二百人。東不從，復留攻一日始退，屯乍浦。（註九五）

亦即陳東因徐海解圍，道遠勢且孤，不得不於一日後引去，圍始解，而阮鶚始獲出矣。時在五月二十三日。如據《倭變事略》的記載，徐海罷桐鄉之圍以後事情發展的情形是：

（五月）二十二日，賊解圍東行。留桐鄉凡二十九日，掠殘鄉市村鎮，凡數十里，輜重千餘舟。

二十三日，賊經嘉禾，舟相屬二十餘里。

二十四日，遇湖兵，戰而不勝，棄數十舟。蓋飽欲得志之時，惟營歸計，無心鬭格故也。

六月二日，賊遣使來，如約至海鹽南門。有司勞以酒食，送之軍門（胡宗憲）。

十一日，賊獻錢燦首級於軍門。燦入賊黨，至是賊使至，因索之賊，乃斬他人首，冒爲燦首來獻，致修好之意。

十三日，軍門聞徐海生子彌月，遺鑷工樂人賚花紅酒禮祝賀。明日，海遣使來謝。蓋連和之始，互相愚弄云。

十七日，賊遣使各縣促船，限本月二十五日泊乍浦。

二十五日，賊期乍浦看船設浮舖，南北相連十餘里。

二十六日，葉麻部屬與徐海部屬抵郡城催船。有司宿戒守者佯不介意，開關放入。郡侯勞遣云：「船隻一時未備，姑少待。諸賊信之，葉心益安。然意在速歸，督船之使無虛日。

七月一日，各地羈收促船賊合數百，吳淞方面亦收，俱為徐海之力。二日後，又用海計，收葉麻等八賊。

十四日，收陳東等十三賊。當初軍門收葉麻時，令其為書招東，而於彼輩抵嘉興時予以逮捕。

十八日，五酋餘黨見主、佐俱擒，各自為心，密營歸計，乘海口一二應官敝船，夜候潮至開洋。風作，漂回海鹽龍王塘。賊約二百許，移輜上岸。羅中書欲擒，諸將恐驚徐海，以為不可，釋其離去。賊回去謂徐海：「吾屬無患矣」！

十九日，徐海取葉麻所遺金盔銀甲，遣使賚送軍門。軍門勞以花幣，答以轎傘，因舁至巢。翌日，請來會議，海猶豫不敢行。當時，軍門集諸將問計，以為征勦不如計取。於是復備船隻百餘，集海口以應其求，移交關會海兵船，俟賊行，扼其歸路。

二十七日夜，徐海移輜於二十七船，將率己黨離去。諸黨怒曰：「汝陷予主於何地？今棄我而回耶」？因相格殺，各損百餘。

二十九日，軍門出兵驅行，兵至，賊有去而遠者，有去而尚在海口者，有猶在海岸者，即奮擊斬賊首數百，獲其輜，毀其巢。是日，徐海行出海口，見兵船如蜂聚，火砲之聲震海島，懼而復回，箚於梁莊。《明世宗實錄》將此事繫於二十五日，並於海就宗憲之撫，解桐鄉之圍，而東不得不從之後說：

於是東遂與海有隙。宗憲微知其情，乃乘間急說下海，使爲內應。海許諾，即計擒東及其黨麻葉等百餘人以獻，而自帥其所部五百餘人離乍浦，別營梁莊。官軍遂圍乍浦巢，用火攻之，連戰斬首三百餘級，焚溺死者稱是。奪回被虜男婦七百餘人。餘賊有遁入海者，指揮鄧城引兵追及之，沉其舟，無一人得還。（註九六）

前此諸將議協限海於八月二日進款，然海猶恐陰設甲士劫之，故先期一日，令部衆數百列陣於平湖城外，自率酋長百餘人，武裝入平湖城中求款。海與諸酋長北向當事諸將，按次稽首。《嘉靖浙江通志》〈經武志〉所節錄茅坤《紀剿除徐海本末》，敍述在那以後之情形云：

胡公亦下堂手摩海頂謂之曰：「若苦東南久矣，今既內附，朝廷且赦若，愼勿前爲孽。」海復稽首呼：「天星爺，死罪！死罪！」於是四公遣之而出。是日，城中人無不洒然色變者。海既出，諸公固已忿恚海之列款，猶胄而入，屬彊脇無禮，又不及如諜故所期月日，而先日卒至也。其習行黠若此，於是闔謀不勒兵誅之，他日必爲患。計部下尚千餘人，猛驚難即破，永保兵猶迤邐遠道未至也，於是佯令徐海自擇便地居之。海果自擇便地，得沈家莊，即僦沈家莊與居之，是為八月八日。

海寓平湖沈家莊之八日，遣使持書抵軍門，復乞降。當時衆人不知諸公有所等待，而喧鬧爲何不消滅，認爲如果縱之出海，令自解去，則何異豢虎以自禍？在此情形下，宗憲與文華私自部署兵員，又日夜遣使促永保兵來會。兵未集，恐海心生疑懼，乃每日遣諜者偵察海之行動，且一如往日似的饋贈物品給他。更說海居西沈家莊，陳東居東沈家莊。未幾，永保兵至。十一日，徐海歸計既不遂，見水陸兵各處戒嚴，始悟連和爲僞，又悔散黨勢孤。（註九七）十五日，平湖守備官遣人邀海賞月，不赴。十六日，乍浦城遣使至海巢，海將其拘留。十七日，宗憲遣使至，海並斬之，連和之路遂塞。十九日，海知危在旦夕，於深夜遣親信護送二愛姬出巢逃遁。然麻葉黨徒深恨海，每夜遣人伺於巢側，故不得出。二十日，永保等兵進薄賊巢，擒四賊，俘於軍門。二十三日，誘斬賊首二十餘。二十四日，宗憲督各路主客兵凡二十餘軍，將徐海圍之數重。保靖兵先之，稍卻。河朔兵乘之，又卻。未幾，宗憲擐甲厲聲斥永保兵，左右列大呼而入，矙壘下擊。會大風起，宗憲麾衆持火炬千餘把，各自縱火焚之。海窘甚，遂沉河死。二十六日，官軍幾乎殲滅所有之賊。（註九八）於是辛五郎帥餘黨乘舟至烈港，宗憲約文華，復用兵邀擊之，俘斬三百餘，海爲讎黨偪殺，辛五郎與麻葉等五賊首亦授首。餘賊據定海丘家洋，夜間潰圍踰桃花嶺，渡李溪，走鄞之西鄉，由元貞走奉化、寧海，與官兵戰於台州之兩頭門，把總范指揮死之。遂從寧海走溫州，至福建，得舟而逃遁。謝浦之賊則移據吳家山，自秋及冬，屢攻不克。宗憲督麻陽兵，於除夕夜乘下雪襲破其巢，悉斬之。（註九九）《明世宗實錄》記平徐海之黨云：「浙、直倭悉平。」此言固不失誇張，但此後入寇之賊漸收斂，卻是事實。

六、結　語

由上述可知，嘉靖二十年代後期至三十年代的倭寇，係由私販所引起，勢家護持之，漳、泉為多，或與通婚姻，或假濟渡為名，造雙桅大船，載運違禁物品，而海防官不敢詰。有人虧欠其款項，奸商如許棟、徐海等即誘之攻剽。虧欠貨款者脅將吏捕逐，則洩出師時期，使其他去，言於他日償還。他日貨至，虧欠情形又如往日。如此一而再，再而三，倭人大為怨恨，益與棟等私商合。因此，當時寇亂的起因原是小事，亦即因債務糾紛而起，而渠魁王直、徐海、陳東、麻葉素窟其中，以內地不得逞，故都前往日本諸島為主謀。倭人聽其指揮，乃誘之入寇。在此情形之下，海中巨盜遂襲倭服飾、旂號，並分艘刼掠中國東南沿海各地而無不大利，故倭患日劇。

徐海雖曾出家為僧，但隨其叔銓往日本，獲當地信徒之鉅額捐獻後，竟以所得款項購得貿易所需之大船，從事中、日兩國間的貿易，間亦刼掠私販夥伴。後來則為銓償債，引領各島夷人至祖國刼掠，致使兩浙地區居民飽受其害。胡宗憲繼楊宜擔任浙江總督後，用計離間渠魁徐海、陳東等，使之反目。結果，海被偪殺，孽黨無不被殺或就擒。之後，宗憲復遣人赴日招諭倭寇頭目王直返國，三十七年（永祿元年，一五五八）正月二十五日，將其收禁於浙江按察司獄，三十八年十二月二十五日詔斬於杭州官巷口。（註一〇〇）至四十年，浙東、諸寇以次平。四十一年，倭賊陷興化府，大肆殺掠，並移據平海衛不去。前此，倭寇之犯浙江，破州、縣、衛、所城雖以百數，未有破府城者。及興化府城被陷，遠近震動。明廷乃亟徵俞大猷、戚繼光、劉顯諸將合擊，破之。其侵犯他州、縣者，亦陸續為諸將所滅，福建亦平。（註一〇一）

註釋：

註一：《明史》（百衲本），卷二〇五，〈朱紈傳〉，卷三二二，〈日本傳〉。

註二：《明史》〈日本傳〉。

註三：朱紈，《甓餘雜集》（明萬曆間序刊本），卷二，嘉靖二十六年十二月二十六日〈閱視海防事疏〉。《明經世文編》（明崇禎間刊本），卷二〇五，《朱中丞甓餘集》並見此〈疏〉。

註四：《明史》〈朱紈傳〉、〈日本傳〉。如據《甓餘雜集》，卷一，〈玉音〉的記載，朱紈被再改巡視的時間為嘉靖二十七年七月二十七日。

註五：朱紈，《甓餘雜集》，卷二，嘉靖二十七年四月初六日〈捷報擒斬元兇蕩平巢穴以靖海道事疏〉。

註六：《明史》〈朱紈傳〉、〈日本傳〉。〈絕命詞〉，《明史稿》，傳八三作〈俟命詞〉；《國朝獻徵錄》，卷六二，〈朱公紈壙志〉有「作俟命詞曰」之句。

註　七：《明史》〈朱紈傳〉、〈日本傳〉。

註　八：釋瑞溪周鳳，《善鄰國寶記》（續群書類從本），應永十一年（一四〇四）〈大明書〉。

註　九：前註所舉書應永十一年（一四〇四）〈大明書〉。

註一〇：前註所舉書應永十五年（一四〇八）〈大明書〉。

註一一：《明太宗實錄》（本文引用之《明實錄》爲中央研究院歷史語言研究所影印本），卷一〇三，永樂八年四月丁丑朔甲辰條。《明史》〈日本傳〉。

註一二：鄭舜功，《日本一鑑》（商務印書館據舊鈔本影印本，民國二十八年）〈窮河話海〉，卷九，「接使」條。

註一三：《如是院年代記》。

註一四：釋尋尊，《大乘院日記目錄》，享德三年（一四五四）十月十三日條。

註一五：鄭若曾，《籌海圖編》（四庫全書本），卷二，〈倭奴朝貢事略〉。

註一六：參看鄭樑生，《明代中日關係研究》（臺北，文史哲出版社，民國七十四年三月），第四章第四節，及《中日關係史研究論集》，十二（臺北，文史哲出版社，民國九十二年四月），頁九～七〇。

註一七：《明憲宗實錄》，卷二三〇，成化十七年十月壬寅朔癸卯條紀貢使於沿途干犯明朝禁令販賣私鹽事云：「日者海外諸國并西域番王等，遣使臣朝貢，沿途多索船馬，夾帶貨物，裝載私鹽，收買人口，酗酒逞兇，騷擾驛遞」。有關日本人販賣私鹽事，《蔭涼軒日錄》長享二年（一四八八）九月十三日條云：「距北京一日路程之張家灣一帶乃產鹽地，南京不易買到鹽，故日本人多從張家灣販至南京出售。大唐（明）嚴禁鹽之私人交易，因鹽乃天下之公事，后妃之梳裝費也」。

註一八：鄭樑生，《明代中日關係研究》，頁一九五～一九七。

註一九：鄭舜功，《日本一鑑》〈窮河話海〉，卷六，「海市」條。

註二〇：《明史》〈日本傳〉。

註二一：謝在杭，《五雜俎》〈地部〉，卷四。

註二二：鄭若曾，《籌海圖編》，卷一二，〈經略〉，二，「勤會哨」條。

註二三：謝在杭，《五雜俎》〈地部〉，卷四云：「販海之舟，所以無覆溺之虞者，不與風爭也。大凡舟覆，多因鬪風。此輩海外諸國既熟，隨風所向，掛帆從之，故保其經歲無事也。余見海鹽、錢塘，見捕魚者為疏竹筏，半浮半沉水上，任從風潮波浪，舟皆戒心，而筏永無羔者，不與水爭也」。

註二四：鄭若曾，《籌海圖編》，卷四，〈福建倭變紀〉，「福建事宜」。

註二五：朱紈，《甓餘雜集》，卷二，嘉靖二十六年十二月二十六日〈閱視海防事疏〉。如據洪福增《洪芳洲（朝選）公年譜》（臺北，洪朝選研究會，一九九三年十一月）嘉靖十二年癸巳條的記載，林希元，字次崖。福建同安人。於本年由廣東提學改任北京大理寺右寺丞（正五品）。

註二六：朱紈，《甓餘雜集》，卷二，〈閱視海防事疏〉。

註二七：徐學聚，《嘉靖東南平倭通錄》（鈔本），卷首語。

註二八：《明史》〈朱紈傳〉。
註二九：袁褰，《袁永之集》（收錄於《明經世文編》，卷二七一，明崇禎刊本），〈詰盜議〉。
註三〇：鄭舜功，《日本一鑑》〈窮河話海〉，卷六，「海市」條。
註三一：同前註。
註三二：同註二六。
註三三：同前註。
註三四：《明史》〈日本傳〉。
註三五：谷應泰，《明史紀事本末》（中華書局標點本），卷五五，〈沿海倭亂〉。
註三六：《明世宗實錄》，卷三三四，嘉靖二十六年六月庚午朔癸卯條。
註三七：同前註。
註三八：同註三四。
註三九：同前註。
註四〇：同註二六。
註四一：同前註。
註四二：同前註。
註四三：朱紈，《甓餘雜集》，卷三，嘉靖二十七年五月二十五日〈捷報擒斬元兇蕩平巢穴以靖海道事疏〉。

註四四：同前註。

註四五：同前註。

註四六：同前註。

註四七：朱紈，《甓餘雜集》，卷三，嘉靖二十七年十二月十六日〈雙嶼塡港工完事疏〉。

註四八：《明史》〈日本傳〉。

註四九：朱紈，《甓餘雜集》，卷三，嘉靖二十七年十二月十三日〈海賊登岸殺擄軍民事疏〉。

註五〇：朱紈，《甓餘雜集》，卷四，嘉靖二十八年正月二十八日〈五報海洋捷音事疏〉。

註五一：《明史》〈朱紈傳〉。

註五二：同前註。

註五三：同前註。

註五四：同前註。

註五五：《明世宗實錄》，卷三五〇，嘉靖二十八年七月戊辰朔壬申條。

註五六：徐學聚，《嘉靖東南平倭通錄》，嘉靖三十一年四月條。

註五七：徐學聚，《嘉靖東南平倭通錄》，嘉靖三十一年六月條。如據《明世宗實錄》，卷三八八，嘉靖三十一年八月辛亥朔條記載，巡按浙江御史松應基（一作箕），於本日奏報海賊攻破黃巖縣治，並參論失事所由，認爲「失事之誅，湛爲首坐，其總督備倭都司周應禎，把總指揮劉堂，黃巖知縣高材，或身爲主師(帥)，或職任專城，遇敵宵奔，法當重治。至於巡守各道副使李文進等，知府馬鍾英等，亦宜各以輕重抵罰」。〈疏〉下，部覆：「應禎、堂、材，各革職；湛先已爲民，仍與應禎等俱下按臣逮問；文進等與鍾英，仍如前旨住俸剿賊」。

註五八：徐學聚，《嘉靖東南平倭通錄》，嘉靖三十一年六月條。《明世宗實錄》，卷三八七，嘉靖三十一年七月辛巳朔己亥條。

註五九：同前註。

註六〇：徐學聚，《嘉靖東南平倭通錄》，嘉靖三十一年七月條。《明史》〈日本傳〉，同年同月條。

註六一：《明世宗實錄》，卷三九四，嘉靖三十二年二月戊申朔丙寅條。

註六二：《明世宗實錄》，卷三九六，嘉靖三十二年閏三月丁未朔甲戌條。《明史》〈日本傳〉。

註六三：徐學聚，《嘉靖東南平倭通錄》，嘉靖三十二年四月條。

註六四：前註所舉書，同年五月條。

註六五：同前註。

註六六：采九德，《倭變事略》(嘉靖四十年海鹽原刊本，鹽邑志林之一)，卷三，嘉靖三十四年乙卯春正月朔條。鄭若曾，《籌海圖編》，卷八，〈寇踪分合始末圖譜〉。

註六七：采九德，《倭變事略》，卷三，嘉靖三十四年正月初三、初九、二十三日條。

註六八：《明世宗實錄》，卷四二〇，嘉靖三十四年三月丙申朔丁未條。《明史》，卷一八，〈世宗本紀〉，二。

註六九：王婆楞，《歷代征倭文獻考》（臺北，正中書局，民國五十五年十二月，臺一版），頁一八七。

註七〇：同註六七。

註七一：采九德，《倭變事略》，卷三，嘉靖三十四年四月二十一日條。

註七二：前註所舉書，同卷同年同月二十三日條。

註七三：鄭若曾，《籌海圖編》，卷八，〈寇踪分合始末圖譜〉；卷一〇，〈大捷考〉，「陸涇霸之捷」條。

註七四：《明世宗實錄》，卷四二一，嘉靖三十四年四月乙丑朔戊子條。

註七五：《明世宗實錄》，卷四二七，嘉靖三十四年十月壬戌朔癸亥條。《明史》，卷二〇五，〈胡宗憲傳〉；卷二一二，〈俞大猷傳〉。

註七六：《明世宗實錄》，卷四二八，嘉靖三十四年十一月壬辰朔丙申條。何喬遠，《名山藏》（明沈猶龍等刊本）〈臣林記〉「俞大猷」條。許重熙，《嘉靖以來注略》（明崇禎六年序刊本），卷四，嘉靖三十四年十月條則云：「有倭二千，駕舟入沙窪，與舊倭合」。何世銘，《俞大猷年譜》（泉州歷史研究會，線裝本。泉州文獻叢刊，第五種），卷四，下，〈大事紀述〉，同年條。

註七七：《明世宗實錄》，卷四二七，嘉靖三十四年十月壬戌朔辛卯條。《明史》，〈世宗本紀〉，二。

註七八：《明世宗實錄》，卷四二九，嘉靖三十四年閏十一月壬戌朔壬午條。

註七九：《明世宗實錄》，卷四三三，嘉靖三十五年三月庚申朔丙戌條。

註八〇：鄭若曾，《籌海圖編》，卷五，〈浙江倭變紀〉。《明世宗實錄》，卷四三四，嘉靖三十五年四月己丑朔己亥、丙午條。《明史》〈日本傳〉。

註八一：《明世宗實錄》，卷四三四，嘉靖三十五年四月己丑朔辛亥條。《明史》〈世宗本紀〉，二；卷二〇五，〈宗禮傳〉、〈阮鶚傳〉，卷三二二，〈日本傳〉。

註八二：《明世宗實錄》，卷四二五，嘉靖三十四年八月癸亥朔乙亥條。

註八三：鄭舜功，《日本一鑑》〈窮河話海〉，卷六，「海市」條云：「徐銓即徐惟學，一名碧溪」。《嘉靖寧波府志》〈海防署〉條則云：「徽州姦民王直、徐惟學（即徐碧溪），先以鹽商折閱，投入賊夥」。

註八四：鄭舜功，《日本一鑑》〈窮河話海〉，卷六，「流逋」條雙行註。

註八五：同前註。

註八六：同前註。

註八七：《明世宗實錄》，卷四二四，嘉靖三十四年七月癸巳朔丁巳條。

註八八：同註八四。

註八九：《明世宗實錄》，卷四三四，嘉靖三十五年四月己丑朔辛亥條。《明史》〈世宗本紀〉，二；〈宗禮傳〉、〈阮鶚傳〉。

註九〇：徐學聚，《嘉靖東南平倭通錄》，嘉靖三十五年四月條。

註九一：嘉靖《浙江通志》，卷六〇，〈經武志〉，嘉靖三十五年條。

註九二：釆九德，《倭變事略》，卷四，嘉靖三十五年五月二十六日條。

註九三：同註九一。茅坤，《紀勦除徐海本末》。姚士粦，《見只編》，上，所錄《沈庄進兵實錄》〈提要〉。

註九四：同註九一。茅坤，《紀勦除徐海本末》。

註九五：《明世宗實錄》，卷四三五，嘉靖三十五年五月戊午朔丁丑條。

註九六：《明世宗實錄》，卷四三七，嘉靖三十五年七月丁巳朔辛巳條。

註九七：茅坤，《紀勦除徐海本末》。釆九德，《倭變事略》，卷四，嘉靖三十五年八月十一日條。

註九八：釆九德，《倭變事略》，卷四，嘉靖三十五年八月十五、十七、二十、二十四、二十五、二十六日條。

註九九：嘉靖《浙江通志》〈經武志〉。

註一〇〇：釆九德，《倭變事略》，卷四，〈附錄〉。

註一〇一：鄭樑生，〈明嘉靖間靖倭督撫之更迭與趙文華之督察倭情——一五四七～一五五六〉，收於鄭著《中日關係史研究論集》，七（臺北，文史哲出版社，民國八十六年二月），頁七九～一二六。

李光頭、許棟、蕭顯、徐銓、徐海、陳東、葉明寇掠始末

典據：鄭若曾，《籌海圖編》，卷八

金子老——屯雙嶼港——合踪——子老歸福建
嘉靖十八年勾引西番人交易　十九年四月　二十一年後不復來
李光頭——合踪
許棟合踪——分掠——福建／浙江
二十二年　二十二年起至二十七年
就擒

二十七年四月，都御史朱紈遣都指揮使盧鏜破雙嶼擒之。雙嶼港之寇，金子老倡之，李光頭以梟勇雄海上，子老引為羽翼。迨子老去，光頭獨留，而許棟、王直相繼而興者也。

許棟——巢雙嶼港——分掠——福建／浙江——敗走
二十二年與李光頭合踪　坐遣　其徒　不常　二十七年四月　雙嶼破故也
就擒
六月，與弟社、武俱為指揮吳川所執

此浙、直倡禍之始，王直之故主也。初亦止勾引西番人交易。二十三年始通日本，而夷夏之釁開矣。許棟滅，王直始勝盛。

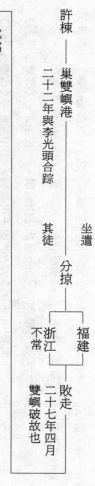

三十二年四月　　　　　　　　　　八月
蕭顯——寇太倉——陷上海——巢柘林——破南匯——據南沙
　　　　　　　　　　　　　　└分屯川沙
此別蹤之出洋者
遁出洋，沒于普陀
正月，爲劉恩至所滅

二十三年　　　　三月爲參將盧鏜　　五月
攻嘉定——攻上海——敗走海鹽——就滅于慈谿
　　　　　　　　兵備任環所滅

直隸之禍，顯實首之，善戰多謀，王直亦憚而讓焉者也。

鄭宗興
何亞八
徐銓
方武
——合踪——分掠
二十三年
廣東——副使汪柏、指揮王
　　　敗于三州環
福建——沛、馬孟陽破之
銓
武
遁往福建——流突潮州——敗滅——伏誅
宗興就擒
亞八就擒
武就擒
銓死
武與宗興、亞八皆就戮

此三十三年爲廣、福之大患者也，其勢雖張，旋就殄滅。都御史鮑象賢，定西侯蔣傳之功。

徐海率 — 和泉、薩摩、肥前／肥後、禁州、對馬 — 諸寇入寇，屯柘林（三十四年正月） — 攻乍浦／犯平湖

破崇德，犯湖州 — 攻金山（二月）／犯嘉興 — 分掠（四月）

蘇州 — 掠太湖／敗于陸涇壩（五月）

常熟 — 屯三丈浦／攻無錫 — 合于三丈浦 — 出海 — 滅亡

亦爲知州熊桴所破

崇明 — 江北 — 敗沒

太倉知州熊桴滅之于登舟沙

湖州 — 遁歸柘林 — 分掠（五月） — 乍浦／平湖 — 杭州 — 敗于平望

浙直兵破之

嘉興 — 敗于王江涇

爲巡按御史胡宗憲所破

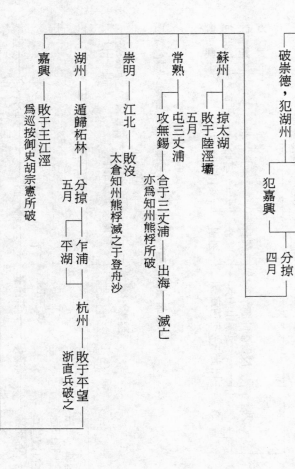

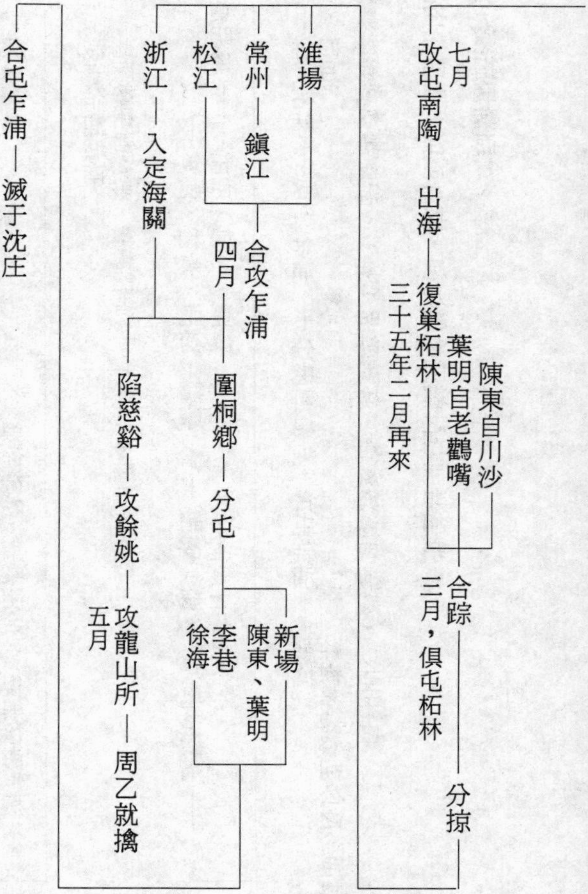

乙卯（三十四年）、丙辰（三十五年）之亂，海爲之首，陳東、葉明爲之輔。衆至數萬，總督胡公（宗憲）計殄滅之，自此海氛漸息矣。餘黨遁去，皆沒于海，蓋胡公之舟，雖縱之走，舟遇巨浪，輒裂故也。

陳東率——肥前、筑前、豐後／和泉、博多、紀伊——諸寇入寇（三十四年正月）——攻南匯——攻金山

——入崇明——攻青村（二月）——圍上海（三月）——遁歸日本——復屯川沙（三十五年正月再來）

——併入柘林（與徐海合）——攻乍浦——圍桐鄉——分屯新場（與徐海分，與業明合）——合屯乍浦（復與徐海爲援）

——滅于乍浦城南

此薩摩州君之弟，掌書記者也，其部下多薩摩人。

葉明率——筑前、和泉、肥前、薩摩／紀伊、博多、豐後——諸倭入寇（三十五年正月）——屯老鸛嘴

——併入柘林（四月）——合攻乍浦——分屯新場——合屯乍浦——就擒（徐海奉總督胡公之命生擒來獻）

驍勇善戰，爲諸酋冠。（葉）明既就擒，海黨與遂皆攜貳，以至于亡。

按：(1)嘉靖三十四年王江涇之捷，應是總督張經之功而非胡宗憲。

(2)葉明，應指麻葉而言。

太田弘毅著《倭寇——商業・軍事史的研究》

前言

日本學者之研究明代倭寇者甚多，所得成果亦頗豐碩。主要著作除秋山謙藏、有馬成甫、後藤肅堂（秀穗）、津田左右吉、片山誠二郎、佐久間重男、寺田四郎、柴田卓郎、長沼賢海、中村久四郎、長谷川正氣、增田涉、岩間德野、行宜（李獻璋）、宮崎市定、奧崎裕司、成田喜英、小宮山綏介、田村榮太郎、市村瓚次郎、中野禮四郎、瀨野馬熊、新村出、駒井義明、稻葉岩吉、關周一、柏田忠一、伊藤公夫、杉浦亮治、高木眞太郎、三浦周行、內藤雋甫、檀上寬、中村榮孝、田村洋孝、山口正之、福田和則、松浦章、大隅晶子、川越泰博等的單篇論著外，尚有專著如：登丸福壽・茂木秀一郎《倭寇研究》、竹越與三郎《倭寇記》、呼子丈太郎《倭寇史考》、石原道搏《倭寇》、田中健夫《倭寇と勘合貿易》、《倭寇——海の歷史》、松浦章《中國の海賊》、村上護《日本の海賊》、佐久間重男《日明關係史の研究》等。

中國大陸方面有陳伯瀛、杜鳴治、柳治征、何格恩、王扶生、劉紹寬、李應玉、鄭宗棨、吳玉年、庾年、徐蔚南、劉紫萍、胡彬熙、劉倓、劉伯驥、戴裔宣、郝懿楠、吳金成、陳學文、樊樹志、劉瑀、高邁、徐天貽、戚公用、簡素、李絜非、鄭書祥、陳鳴鐘、雲川、王裕群、陸成侯、无根、頡譜、林仁川、陳牧野、毛一波、王伯敏、葛滋超、王士倫、向東方、曾保華、周建卿、李建祿、陳抗生、南泉、余烈、陳香、李洵等的單篇論著，以及何格恩《明代倭寇侵擾沿海各地年表——附說明》、張魯山《明代倭寇大事記》、吳玉年《明代倭寇志目》、陳懋垣《明代倭寇考略》、南泉《明代倭寇考略》、林仁川《明末清初私人海上貿易》、吳重翰《明代倭寇犯華史略》、李金明《明代海外貿易史》、陳尚勝《懷夷與抑商——明代海洋力量興衰研究》、黎光明《嘉靖禦倭主客軍考》，及戴裔宣《明代嘉隆間的倭寇海盜與中國資本主義的萌芽》等。

臺灣方面則有陳文石、林麗月、徐泓、周維強、張彬村、張增信、曹永和、鄭喜夫與筆者的單篇論著，及李光濤《萬曆二十三年封日本國王豐臣秀吉考》、《朝鮮壬辰倭禍研究》、陳文石《明洪武嘉靖間的海禁政策》、張增信《明季東南的海上活動》、黃中青《明代海防的水寨與遊兵——浙閩粵沿海島嶼防衛的建制與解體》、吳大昕《海商‧海盜‧倭——明代大倭寇的形象》、筆者《明史日本傳正補》、《明代中日關係研究》、《中日關係史研究論集》一～十二集、《明代倭寇史料》一～七輯等。

上舉眾多論著，無不從中國或日本的立場來探討倭寇的起因、倭寇的組成分子、寇掠的實態、中國因倭亂所造成的災害等，對單一問題的研究所佔的比重較大。至以倭寇活動為考察對象者，可謂絕無僅有。幸虧日本東北女子大學太田弘毅教授於二○○二年八月，委由橫濱春風社刊行了其平日研究的成果，使我們得以瞭解倭寇所爲走私活動的若干內容。

太田所著書分爲五部十七篇，以標示內容方式，將書名定爲《倭寇——商業・軍事史的研究》。主題之「倭寇」兩字，係原原本本的引用歷史的用語，副題則既是本書的內容，也表明作者著眼點之所在。太田以爲：倭寇的特性隨時代之變遷與周圍情勢而變化。海盜集團，或武裝商人集團、走私商人集團，尤其作爲經手軍需物資之掮客集團之層面很重要。由於倭寇具有上述各種特性，故可說是跋扈於社會背後的黑市商人。由於研究他們的活動情形時，須從商業史的觀點來闡明，乃以「商業」史的研究作爲副題之一。

太田以爲倭寇不僅走私燄硝與硫黃，及以它們製造火藥出售，更有利用火藥等作武力攻擊、抵抗官軍者，所以也就非從軍事史的層面來把握倭寇不可。職此之故，「軍事史的研究」便與「商業」史的研究同樣重要了。

以下擬不辭覼縷的介紹本書，並表示個人的若干看法，以就教於方家。

一、倭寇所爲詐術之行動形態

1在朝鮮半島的詐術形態——倭寇所僞裝當地人的面貌

太田弘毅教授在本章所探討的是倭寇僞裝成爲韓人的事例，並且以朝鮮人這個稱呼作爲一般的民族名來使用。

太田認爲：對僞裝成爲朝鮮人的倭寇而言，除語言問題外，似乎沒有甚麼困難。因爲從外表上看，只要注意服飾，或將其船舶加以僞裝，便很難分辨，所以倭寇乃著眼於此。太田又認爲倭寇接近朝鮮半島，及入侵半島內部的方法有二，其一是誇耀著倭寇的面貌，接近、入侵朝鮮半島。他們搭乘使人一目了然的倭寇船舶，以雄壯威武的陣勢表示自己的身分，使周圍的人們瞭解他們的眞面目，且以其威力、戰鬪力量來強行突破高麗的防禦陣地。當他們以倭寇的姿態接近朝鮮半島之近海或沿岸時，就盡量利用倭寇本來的面目與架式，以壓制朝鮮人。爲此他們便用心使其本來面目更爲顯著。在此情形之下，其船隻既非日本式的倭寇船舶不可，服裝也非日本式不可，藉此以強調日本人之形貌，使朝鮮人有倭寇即日本人，日本人即倭寇之深刻印象。

其二則是當其戰鬪力薄弱，無法從正面突破對方之防禦時，就不得不使詐。具體言之，就是僞裝成爲當地的朝鮮人，然後巧妙地突破高麗的防線。由於倭寇未必每次都能夠以威武的陣勢來侵掠，有時則非從事秘密活動不可。此乃由於他們顧慮自己可能會遇到朝鮮——高麗——的防禦陣線，所以未必每次都顯露其眞面目，耀武揚威地接近或登上朝鮮半島。在此場合，莫如隱藏本來面貌，積極使自己完全像朝鮮人。要使自己完全像朝鮮人所爲之努力，不外乎使自己的舉止名符其實的成爲接近眞朝鮮人之假朝鮮人。如能突破朝鮮——高麗——方面的防線，則可與在半島內的夥伴取得聯絡，從而獲得入侵內地的機會。因此，如非以武力公然入侵，則僞裝成爲朝鮮人以達到接近、登陸的目的。

就朝鮮方面言之，第一道防線在海上，由船艦在海上舉發或擊破倭寇爲上策，亦即爲海上防禦。第二道防線即在水濱防禦而不讓其登陸。一旦被登陸，就會直接侵入內地，容易造成全境被滲透的事態，如此則朝鮮半島的防禦勢必失效。因此，在海上舉發、擊潰，或在水濱阻止其登陸，便成爲朝鮮政府的當務之急。然就倭寇言之，他們必須突破此第一、二道防線，如果他們的戰鬪力量超越朝鮮部隊，能夠突破防線，便有可能採取正面作戰方式，否則將會隱瞞倭寇身分，亦即除僞裝成爲朝鮮人外，別無他法。基於上述，太田乃根據《高麗史》等史乘的記載，以說明倭寇奪取高麗戰艦及漕船的情形，並論述高麗所受船舶之害。

太田認爲在思考倭寇僞裝成爲朝鮮人時，不能忽略的是「賊諜」的存在。所謂「賊諜」，就是倭「賊」之「諜」，可謂爲倭寇放進朝鮮半島的間諜。太田除舉例論述僞朝鮮人之賊諜外，也還提及朝鮮奸民之成爲賊諜的例子。太田更說，當時不僅有倭寇僞裝成爲朝鮮人，也有朝鮮人僞裝成爲倭寇，兩者相互勾結，狼狽爲奸。其所以如此，可能因僞朝鮮人不懂日語，僞倭不暗朝鮮語，因此兩者方纔混合在一起，以彌補彼此之短。職此之故，太田認爲如要探討朝鮮半島的倭寇問題，就不能忽略僞裝成爲朝鮮人的倭寇之存在。

石原道博教授在其《倭寇》（註一）裏立有〈眞倭與僞倭、假倭、裝倭〉之目，除舉例說明中國人之僞倭、假倭、裝倭問題外，也提及僞漢、僞華、假華之存在。所以如要探討中國方面的倭寇問題，那些中國奸民之存在問題也同樣不能忽略。

2倭寇之接近、入侵中國大陸——僞中國人的活動形態

太田教授在本章，將其眼光集中於倭寇從日本揚帆後，接近中國大陸，及入侵大陸內地的過程，從而探討其活動形態。太田認爲倭寇是採取隱瞞自己身分的若干欺騙作爲，以從事走私或刼掠，而倭寇在中國所採隱瞞身分的方法，就是成爲僞中國人的擬態。他說，由於倭寇掩飾自己是日本人，以接近中國大陸，入侵內地的方法，可成爲研究倭寇史之重要題目，所以就把這個問題作爲倭寇史研究之一環而立了章節。

倭寇從海洋接近、入侵中國大陸之際，是獲得與倭寇攜手合作的中國人之僞倭，或中國方面之協助者（嚮導者、勾引者）之指引，方能入侵內地。即使以這種方式入侵以從事寇掠勾當，倭寇本身之須僞裝成爲中國人的時候可能不少。而倭寇之於接近、入侵中國大陸之際，就非與明朝之船艦、政府官員接觸不可，當此之時，如何通過那些關卡，便成爲一大問題。

當倭寇的武力強大，勝過明朝部隊時，他們固可公然誇示其爲賊船而入侵，但若其武力不如官軍，就非躲避明朝的監視不可，於是就需僞裝成爲中國人來行動。當要僞裝成爲中國人時，除穿中國人的服飾外，也還搭乘中國式的船舶（中國式的船、中國製的船）。

倭寇到大陸固有公然入侵的例子，但未必都如此，這要看當時明朝的防禦情況與雙方力的關係，有時就非僞裝成爲中國人不可。因此，他們以中國人的姿態入侵而逗留內地者也不乏其例。至於躲藏於鄉間，或徘徊於都市者，也不外乎成爲僞中國人的行動表現。

太田說：當觀看倭寇史研究時，探討有關僞裝爲倭寇的，及與倭寇相互勾結的中國奸民的問題已有進展，然與本篇之探討重點相似或相同者則絕無僅有，故本章有其存在意義。

太田在此利用《明實錄》、采九德《倭變事略》、鄭若曾《籌海圖編》、徐學聚《嘉靖東南平倭通錄》等文獻史料來探討明朝的江防、海防，及倭寇之公然入侵與夫使詐接近大陸的情形。他除論述倭寇在海洋僞裝中國船舶外，又言他們如何獲得中國船舶與舟師，如何利用這種船隻從事走私等問題，並且舉南京湖廣道御史屠仲律所條上〈禦倭五事〉，以言當時勾結倭寇者多是「編戶之齊民」，而「海上豪勢，爲賊腹心，標立旗幟，勾引深入，陰相窩藏，輒相貿易」，遂成爲亂源。

即使倭寇每次都能順利獲得所需船隻，有時也會因故失船，或因失風而漂流至中國。在此場合，他們之至中國就非出其本意，但又無法逃回海上，於是不得不胡亂前進，亦即除登陸入侵內地外別無他法。對此問題，太田以《嘉靖東南平倭通錄》所記載之事例來證明其觀點，認爲這類倭寇之所以在登陸後流刼各地，直率地表示了他們的走頭無路。

太田又引《籌海圖編》卷一二〈經略〉二「固海岸」條所紀通政唐順之的話，以言明軍防倭的上策在禦海洋，其次固海岸，不讓其登陸，此爲緊關第二義。至於「賊新至饑疲，巢穴未成，擊之猶易」，若「延入內地，縱盡殲之，所損多矣」。

太田認爲登陸後的倭寇之寇掠行爲有兩種形態：其一是強調倭寇的眞面目，亦即誇耀其爲倭寇集團之事實，而以此壓力從事寇掠，公然將倭寇的面貌顯露於光天化日之下。其二則爲不將其眞面目表露出來，而混在大陸內地的民衆之間從事活動。這既可說是便衣隊的活動，也可謂爲打游擊式的作爲。眞倭當然會假裝中國人，以僞中國人身分從事活動。當此之時，其身邊之有協助他的僞倭及中國奸民之存在，自不待言。

當倭寇接近中國大陸，即將入侵內地之際，往往會假裝中國人，以減少與明船或官員發生衝突的機會。對此問題，前此學者除石原道博在《倭寇》以較多篇幅論述陸上的僞中國人問題外，幾乎無人探討。因此，太田在本章裏，除石原所論述者外，也言及發生於海上的類似事象。同時他也認爲中國史所記載有關中國人所扮成之僞倭及勾倭者既多，此一方面的研究成果也不少，但此僞倭與中國勾倭者之存在，及倭寇之有僞裝成爲中國人之事實，也必需重視。此乃因中國人之僞倭、勾倭者，與倭寇所扮成之僞中國人成爲一體、一團，從海上登陸、入侵內地之故。因此可說，倭寇的刼掠行爲是上舉三者相互提攜的合作事業。基於上述，太田在篇末說：我們須拋棄「倭寇勇敢」的成見，而應認爲他們是長於謀略的集團。此一見解值得傾聽。

3 倭寇所裝扮的僞中國人——以獲中國船舶問題爲中心

本章主要利用《籌海圖編》與《崇相集選錄》來論述僞裝華人的倭寇，如何獲得中國船舶的問題。太田認爲倭寇之所以希望獲得中國的船隻，其故在於(1)欲欺騙中國官方的耳目，以突破防線，俾便接近大陸沿岸。爲達到此一目的，他們就必須積極僞裝成爲華人。如此則不僅可減少犧牲者，更能使其在中國沿岸及內地的活動順利進行。(2)中國船遠較倭寇船舶——日式船舶大且牢固，有利於戰鬪。僞裝成爲華人的倭寇前往中國近海或沿岸時，如未被看穿其本來面目，則能夠很安全地從事走私活動。萬一被識破，就得與中國官軍作戰。如果此時擁有中國船，在結果上頗爲有利。當時不僅明朝當局認爲中國船遠較日本船爲優，倭寇本身也承認此一事實而想獲得中國兵船與民間的船隻。此乃由於他們著眼於即使是民間船隻，如予轉用，便能發揮其優異的戰鬪力量，故亟欲獲得漁船。

太田認爲與倭寇勾結的中國人並非片面的爲倭寇謀利，因爲倭寇既具有私販性格，則那些勾倭者也必獲得某種利益，而其所獲利益應非少數。因干犯法令從事私販，有可能遭官方舉發，故成功後所得利益，即使是勾倭者也必豐富。職此之故，太田乃首舉《籌海圖編》卷一二〈經略〉二「禦海洋」條所記載的文字，以言中國人之「被擄」者成爲「鄉導者」，因而「賊得以深入」。次舉同書卷四〈福建倭變紀〉「福建事宜」所記載：

漳、潮乃濱海之地，廣、福人以四方客貨預藏於民家，倭至售之。倭人但有銀置買，不似西洋人載貨而來，換貨而去也。故中國欲知倭寇消息，但令人往南澳，飾爲商人與之交易，即廉得其來與不來，與來數之多寡，而一年之內，事情無不知矣。

而認爲南澳係倭寇從事私販的場所，中、日兩方的私販都可在此獲得交易的相關訊息。

爲杜絕倭寇與勾倭者之間的聯繫，以孤立他們兩者之間之行動，明朝當局乃設法鎭壓倭寇，從而使勾倭者孤掌難鳴，無法活動。其具體策略就是嚴加盤詰「接濟」物品，使那些貨物不致從勾倭者流入倭寇之手。與之同時，會兵巡邏水、陸各地，查緝可疑船隻，使倭船來不得停泊，去不得接濟。對此問題，太田又舉「福建事宜」所言：「濟以米、水，然後敢久延；濟以貨物，然後敢貿易；濟以嚮導，然後敢深入」，來說明中國奸民接濟倭寇的因果關係。並舉「海洋之有接濟，猶北陲之有奸細也」，之句以強調勾倭者所提供之水、米，對倭寇之寇掠活動有極大助益。因此他認爲倭寇如不僞裝成爲中國人，與中國奸民聯絡，獲得訊息及各種接濟物品和日常不可或缺之水、米，便無法從事寇掠或私販活動。

太田繼則舉《崇相集選錄》〈閩海事宜〉，及「福建事宜」所記載之文字，以言僞裝成爲中國人之倭寇，他們用甚麼方法逃避明朝當局的耳目。並且又言倭寇之所以欲得中國船舶，除擬僞裝成爲華人外，中國船所具有長於戰鬥的性能也是他們著眼之所在。

倭寇既然亟欲獲得中國船隻，那麼他們到底如何達成目的？對此問題，太田也列舉上舉兩書的資料，來論述倭寇奪中國兵船與一般民船、漁船，及以火藥贖回兵船的情形。倭寇搶奪漁船的目的何在？太田引《崇相集選錄》〈答朱軍門書〉所錄「賊言」：

往賊嘗有言：「我不畏兵船，只畏汝兄弟兵。兄弟兵者，漁船、商船自相爲也。況今公帑匱竭，補造兵船亦難，即有補造，夙弊難祛，不能如海船之堅；召補水兵，不能如漁民之慣水，仍舊不得實用，孰如參用漁船之爲有愈哉。參用漁船，必須用海上豪傑自相統率，人乃樂從。若分配官兵，下惟離心，必至誤事，何也？彼不成爲兄弟兵也」。

以說明倭寇著眼於漁船、商船之較兵船爲優，及漁民所具有之慣水性也較官兵爲佳。

太田又說，倭寇爲得中國船舶，除以武力奪取外，也還用購買方式，或改造所購買者，以確保藏匿走私物貨的場所，及其舟師爲華人，而舉「福建事宜」的如下文字：

倭人至福建，乃福人買舟，至海外貼造重底，往而載之，舟師皆犯重罪之人也。

以證其所言不虛。並於篇末論述明朝當局爲因應倭寇之奪船與改造船隻所採取的船舶統制措施，如：稽察船隻、發給「照身牌面」、組織「船甲」等，藉防「賣放之弊」。

太田在本章所爲之考察乃前人未曾顧及之問題，經此探討，我們便能夠更深一層地認識倭寇寇掠中國沿海地方所採之手段。

二、倭寇與中國人之勾結關係

1前、後期倭寇所需米與麥的差異

太田教授在本章所探討的重點是：十四世紀至十五世紀肆虐的前期倭寇的入侵地區、入侵路線，及其所刼掠之糧食之種類——米或麥的問題。爲探討這個問題所利用的史料是《籌海圖編》所附〈日本島夷入寇之圖〉。該圖列舉「總路」而將其入侵途徑大別爲三，曰：朝鮮遼東總路、直浙山東總路、閩廣總路，並從各「總路」以分歧形式標示各入侵地域。

因前（十五世紀以前）、後（十六世紀）兩期倭寇的入侵地區與其路線，及其所刧掠之糧食種類有別，故太田以爲經由使其差異明確化的作業，可使前、後兩期倭寇形像描繪得更爲具體，乃於探討中國大陸之倭寇時，把地區分爲華北與華南來進行。當把中國大陸二分爲華北、華南時，也意味著華北爲「麥之中國」或「稷之中國」，華南爲「米之中國」，亦即「麥之中國」、「稷之中國」係旱田地帶，而在季風（monsoon）農耕方面屬乾燥地帶，華南的「米之中國」屬濕潤地帶。至於華北與華南的分界線，則爲秦嶺與淮河。

前期倭寇爲獲糧食而前往朝鮮半島，不斷地刧掠漕船。此糧食可能產於西岸北部之麥，或西岸南部與半島南部的米，然瀕臨饑餓的倭寇並無選擇麥或米的餘地。

因倭寇出身於日本西部或九州北部、對馬島等地，與朝鮮半島只有一線之隔，所以是他們寇掠的絕佳目標。而此半島西岸又是被稱爲「表朝鮮」的農耕地帶，故其北部的麥與南部的米同爲倭寇刧掠的對象。由於朝鮮半島，尤其包含沿海平原在內的西海岸地帶具有華北風土的特性，而與「麥之中國」連在一起。半島西岸與其南端雖有適宜種植稻米的窄狹土地，卻因半島本身狹長，米、麥之產量有限，尤其西岸南部與半島南端的米之產量微不足道。因此，前期倭寇爲獲糧食而前往遼東。既然朝鮮半島的糧食無法滿足其所需，則非深入遼東刧掠不可，遼東被寇掠的情形雖不多，但其所以被寇掠的理由在此。

前舉「日本島夷入寇之圖」，畫著從刧掠「米之中國」華南的寇掠路線所分出延長線上的山東，即「直浙山東總路」，而後期倭寇係無法在華南獲稻米時，方纔北上寇掠山東。由於山東是產麥地帶，對後期倭寇而言，吸引力不大，因此後期倭寇刼掠山東的次數較少。

太田認爲十六世紀之後期倭寇之所以入侵中國大陸南部，不外乎著眼於稻米產量豐富。其故在於前期倭寇是爲擺脫饑餓而不得不前往朝鮮半島與遼東，刼掠麥以餬口而無選擇餘地。並且因當時的日本人仍以麥爲主食，尚不知米飯的美味，所以貪婪「米的中國」之心尚不強烈。然至十六世紀的後期倭寇時代，卻隨著日本人米食的普及而事態完全改變，遂將其目標朝向「米之中國」的華南。太田以爲當時日本人食生活的改變，影響了倭寇的活動。

太田又以明人謝肇淛所著札記《五雜俎》〈地部〉卷四所記載：

倭之寇中國也，非中國之人誘之以貨利，未必至也；其至中國也，非中國之人爲之鄉導，告以虛實，未必勝也。

來說明當倭寇來襲時有中國奸民嚮導之事實，繼則舉同書同卷所紀：

今吳之蘇、松，浙之寧、紹、溫、台，閩之福、興、泉、漳，廣之惠、潮、瓊、崖，駔儈之徒，冒險射利，視海如陸，視日本如鄰室。

的一段文字來說明當時的中國到處都有與倭寇勾結的冒險射利之徒。

太田更以〈日本島夷入寇之圖〉來分析、考察倭寇起航的地點，及其總路與其分出之路線，並以一覽表來標示前、後兩期倭寇在日本的發航地、總路、分出路線等，認爲其路線雖不同，但可能有例外。與之同時，他又從倭寇之入侵路線來分析遼東、山東的特殊性，以為在望海堝之役以後，前期倭寇之所以不再前往遼東與山東的原因，除大喫敗仗外，沒有寇掠產麥地區之遼東與山東之積極理由。

太田以華北「麥之中國」與華南「米之中國」的農業情況為前提，探討華北、華南兩地與前、後兩期倭寇的關係，結果是：前期倭寇是前往「麥之中國」（含朝鮮半島之「麥之朝鮮」），後期倭寇則到「米之中國」。亦即前者為刼掠麥而前往華北與朝鮮半島，後者則為刼掠稻米而到華南，與之同時，也刼掠其他各種財貨。更由於後期倭寇得知中國的富裕，乃將其寇掠目標逐漸鎖定為華南。而其所以將寇掠目標鎖定，不外乎圖謀時間上的長久化。太田又認為後期倭寇領悟刼掠財貨有其界限，故乃設法使中國人順從己意，使他們接濟、勾引，俾便私販活動能夠順利進行。於是其刼掠行為便逐漸轉化成為私販，從而開闢黑市交易的路線，建立與華南人士勾結的關係。而華南地區的寇掠行為之所以往往轉化成為黑市交易，其故在於華南有豐富的稻米及其他物資，亦即富裕使其目標固定而持續化。

至於太田的此一見解是否正確，可由後期倭寇的寇掠實情瞭解其端倪。

2比較檢討華北、華南倭寇之勾引、接濟關係

倭寇之入侵中國，或倭寇與當地人相互勾結從事走私，華北與華南的情形不同。就倭寇與中國人之間的戰鬪，或與之勾結的深淺言之，華北與華南亦有差異。因此，太田首先探討華北與倭

寇之間的關係，其次考察華南與倭寇之間的關係，然後將兩地作比較，以明其差異之所在。

太田說：其所以在此將中國析爲華北與華南，係根據一般的二分法，即以秦嶺、淮河線爲界，線之北方爲華北，線之南方爲華南。因爲當求中國大陸之南、北之對比，或將中國作政治的二分時，其成爲界線而浮上的，即爲此線而沒有例外。將中國大別爲華北與華南，原用於表示地理環境差異明顯的事實，但經檢討的結果，認爲在考察倭寇問題時，也有顯著的不同。就時期言之，亦可區分得很清楚。倭寇在華北活動的次數雖不多，卻集中於十四世紀至十五世紀之間。太田說，因這個時期是倭寇肆虐的前半，所以稱爲前期倭寇；繼則倭寇於十六世紀將寇掠目標轉向華南，因他們係繼前期倭寇之後，故稱爲後期倭寇。倭寇何以將其寇掠目標從華北轉向華南？必須把它弄明白。又說，由於從日本的明治時代（一八六八～一九一二）開始至今天，雖有許多前賢從事倭寇研究，卻無人從本章所要論述的觀點來探討，故確信撰著本章有其意義。

華北與倭寇之間的關係是：即使華北的人們與倭寇戰鬪，或雙方很親密的勾引嚮導，或以接濟方式勾結，其關係實較華南爲淺。

江蘇北部與山東、北直隸、遼東等地屬華北，昔日（前期倭寇時期）倭寇尚未到達華南，而經由朝鮮、遼東半島沿岸從事寇掠時的舞臺爲華北，但華北的海岸，尤其山東的海岸線之嚴峻與暗礁之多，限制了倭寇船舶的行動。然當倭寇得知華南海岸的良好狀況後，他們便遠離華北而前往華南。

海岸線的嚴峻與暗礁之多，及因此所造成的鮮有良好港灣，致使華北的居民無法過海洋國民的生活而具有陸上居民的特質，因此，即使倭寇冒險犯難要求接觸，也沒有呼應的立場。居住華南的中國人則既有可上溯的長江等大河，海岸線也曲折而多良港，所以華南人原本容易與倭寇發生關係，而可謂爲具有開放性格的海洋之人。職此之故，無論與倭寇戰鬪，或與之勾結，接觸的程度都很深。倭寇原爲海洋之人，與華南人士具有相同的利害關係，尤其倭寇爲謀由勾結而產生之利益前往華南。華南既是稻米產地，各種物產也較華北豐富，故成爲吸引倭寇的理由，而與華南欲向海外發展的人士作和平的接觸。太田說，就在上述情形之下，由前期至後期，倭寇的目標便從華北轉移到華南，亦即與「北虜南倭」之說相對應似的，涉足華北的例子便較少，但並非完全斷絕了消息。

太田以《籌海圖編》卷六〈直隸倭變紀〉「山東事宜」的記載，來說明華北海岸因多危礁暗沙，及山東之人不習於水，無人勾引，所以較少寇掠山東。

華南人士與倭寇之間的關係則無論在戰鬪，或在勾引、嚮導以及接濟方面，都較華北爲深。由於華南的港灣深而船舶容易停泊，所以具有倭寇船隻可以直接靠岸的優點。在此情形之下，無論戰鬪或勾引、嚮導、接濟，華南人與倭寇接觸的地方多在海上。故太田乃舉謝肇淛《五雜俎》〈地部〉卷四，與鄭若曾《籌海圖編》卷四〈福建倭變紀〉「福建事宜」、卷一二〈經略〉二「勤會哨」來論述中國奸民與倭寇接觸的情形。

太田於探討華人勾倭、導倭等問題後，以表列方式比較華人與入侵華北、華南的倭寇之勾引、接濟關係後認爲其關係有很大差異。

太田除在篇末引用彼邦江戶時代（一六〇三～一八六七）末期人士所著《日本防考略》作補充說明外，又說：就如稱「北虜南倭」似的，因南方即華南的倭寇之集中問題被過分重視，致論述華北與倭寇之關係之機會較少。所以如說華北人士完全與倭寇無關，則爲錯誤。我們不可忘記前期倭寇的存在，因爲前期倭寇的主要刼掠目標在華北。

在本章所爲之論述方式與觀察的角度，與前此衆多論著有異，對問題的探討與分析的方式也多不同，就前、後兩期倭寇的劃分問題言之，亦復如此，值得商榷。

三、倭寇之走私與日本刀

1倭寇船舶之商業形態——清雅物品與刀鎗之行銷

太田教授在本章考察倭寇走私的形態，即他們同時銷售「清雅」物品與「刀鎗之類」的情形，並限於某一特定期間，以季節貿易形式舉行現場出售會的定期市。太田以爲這種交易形式與一般所謂「名商實寇」，或「陽商陰寇」等倭寇船舶之行動形態有很大差異。「名商實寇」、「陽商陰寇」的倭寇船舶是在時間的經過裏，由「商」轉爲「寇」，或由「寇」轉爲「商」的形態。這種形態既不舉行現場出售會的定期市，其活動也似乎未受季節的限制。本章所要論述之

「清雅物品」與「刀鎗之類」，並非在一艘船上同時把它們銷售完的類型，故它與本章所探討者不同。由於爲銷售「清雅」物品與「刀鎗之類」而前來的倭寇船舶之舞臺在南澳，所以太田乃根據《籌海圖編》所記載的形式，論述「南澳」的例子。

《籌海圖編》卷三〈廣東倭變紀〉「廣東事宜」紀錄著倭寇在廣東一帶活動的情形，而尤以有關南澳者值得注意。該記事云：

南澳當閩、廣交界之處，周圍皆山，中有田百頃，乃國初起遺居民遺棄之地也。四面蔽風，大潭居中，可以聚舟，其大似金塘二倍。五六年來，因浙、直攻捕之嚴，倭船無所容，俱于此互市。福建捕急，則奔廣東，廣東捕急，則奔福建。定期於四月終至，五月終去，不論貨之盡與不盡也。其交易乃搭棚於地，鋪板而陳所置之貨，甚爲清雅。刀鎗之類，悉在舟中。若能密令人於海濱沉滅其舟，則在岸上之倭，生擒也何有。

因文中有「定期於四月終至，五月終去，不論貨之盡與不盡也」之句，故太田以爲倭寇對時令敏感；又因不論貨之盡與不盡而去，所以這是現場出售會的定期市。其所以如此的原因在於既須顧慮官軍的存在，還得擔心回航的風向。

太田復引《籌海圖編》卷二〈倭國事略〉的記載：

若在五島開洋，而南風方猛，則趨遼陽，趨天津。大抵倭船之來，恒在清明之後，前乎此風候不常，屆期方有東北風多日，而不變也。過五月，風自南來，倭不利於行矣。

及利用格里略曆（Gregorian calendar）即太陽曆，來說明倭寇自日本出發至中國，與自中國返回日本的時機問題。與之同時，又引日本水路部編《支那海水路誌——總記及揚子江口以北全部》第一卷第二版頁九四的說明文字，及茂在寅男等所纂輯《遣唐使研究與史料》頁三六所載風向圖〈平均氣壓、卓越風（六月）〉，以說明倭寇非「定期於四月終至，五月終去」不可的原因。

太田更根據《大漢和辭典》第七册頁五八的記載，解釋「廣東事宜」所紀「其交易乃搭棚於地，鋪板而陳所置之貨，甚爲清雅」之句，以爲《籌海圖編》的作者鄭若曾所以在此強調「清雅」物品，乃爲使與後文出現的充滿殺伐之氣的武器「刀鎗之類」在對比上顯眼。並且認爲「刀鎗之類」以外的物品，即相當於「清雅物品」，如：皮革、香料、陶瓷器、貴金屬、染料等不具殺傷力的貨物。更認爲「鋪板而陳所置之貨」，可能只是擺放樣品，讓中國私販訂貨，於下次到達時正式交易。「刀鎗之類」則因係違禁物品，因此把它們藏匿於船上，暗中賣給特定人士。太田據此推測，明廷取締倭寇，或檢舉華人私販之際，對經手「清雅」物品或經手「刀鎗之類」者，在懲罰上可能有輕重之別。

太田說，當時除經銷「清雅」物品與「刀鎗之類」的定期前往南澳外，尚有在該島建屋而居者。其所以能夠如此的原因，在於如鄭舜功《日本一鑑》〈窮河話海〉卷六「海市」條所紀：「癸丑（嘉靖三十二年，一五五三），而葉宗滿勾引倭夷來市浙海。比懼舟師，不敢停泊，往市廣東之南澳，閩、廣倭患始生矣。」及同卷「流逋」條類似的紀錄，係明朝舟師力所不及之處。

亦即因明朝水師力不及此，倭寇纔逃進於此，從而根據地化。與之同時，他又引《籌海圖編》卷四〈福建倭變紀〉「福建事宜」的下列文字

> 三四月東南風汛，番船多自粵趨閩而入於海，南粵雲蓋寺走馬溪乃番船始發之處，慣徒交接之所也。附海有銅山、玄鍾等哨守之兵，若先分兵守此，則有以遏其衝，而不得泊矣。其勢必拋於外浯嶼，外浯嶼乃五澳地方，番人之窠窟也。

以證明其所言之不誣，並認為所謂「始發之處」，即表示它是定期的倭寇船舶回航時的出發點。

太田在結論裏說，倭寇的商業活動，在表面上雖從事一般商品的走私交易，在背後則從事「刀鎗之類」的違禁物品買賣。這兩種交易雖都具有濃厚的走私船性質，但後者則因經銷武器而加深其隱密性。雖然如此，只因一艘船能夠同時滿足需求一般物品與武器者兩方面的欲望，所以對走私船隻而言，是效率頗高的交易方式。

至於太田之將「刀鎗之類」以外貨物解為「清雅」物品之是否的當，實有再探討之必要。

2日本刀的下落——倭寇史的一幕

前此雖有不少學者研究明代中日貢船貿易裏的日本刀劍問題，其由倭寇所為走私進口的實際情形，則因受資料的限制而論著不多。並且無論其所探討的是公開的貢船貿易或由倭寇所為之走私貿易，也都止言當時有大量的日本刀劍出口到中國，而俱未作進一步的論述。至於對那大量的日本刀劍在中國境內到底以何種方式流通、裝備，以及被使用的情形，則似乎尚未出現能夠回答

這個問題的論著。

太田教授在此一篇什裏，首先論述明代的中國人對日本刀所爲之評價，而舉明人諸葛元聲著《兩朝平攘錄》卷四〈日本〉、戚繼光著《紀效新書》卷六的記載以爲例。並且又舉明人薛應旂《皇明四夷考》上卷〈日本〉所記載：

夷中百貨，皆中國不可缺者。夷必欲售，中國必欲得之，以故祖訓雖絕日本，而三市舶司不廢。市舶初設在太倉黃渡，尋以近京師，改設於福建、浙江、廣東。七年罷，未幾復設，蓋東夷有馬市，西夷有茶市，江南海夷有市舶所，以通華夷之情，遷有無之貨，收徵稅之利，減戍守之費。

以言中日貢船貿易裏的明朝立場。然後舉《明實錄》有關日本貢使帶進刀劍的相關紀錄，認爲明朝從日本進口的刀劍之數量既多，也頗爲中國人士所珍重。日本大正時代（一九一二～一九二六）的學者後藤肅堂則在其〈倭寇與日本刀——倭寇詩史外篇〉說，從代宗景泰四年（享德二年，一四五三）起，至嘉靖二十六年（天文十六年，一五四七），前後八（九之誤）十五年凡九次的貢船貿易裏，除其中兩次不詳外，日本出口的刀劍多達一百一十三萬八千把，如果把走私的也加進去，則其數目必更爲可觀。太田又以茅元儀《武備志》卷二三〇所紀：

我之利於倭者，一扇一刀，固遠物之不貴；倭之利於我者，絲纊針磁，乃資生之必藉。貢市絕，則私販通；私販通，則寇掠起。私販則奸民藏，致勾引之隱禍。

及明人李言恭、郝杰合撰《日本考》卷一〈倭國事略〉所紀：

按：其日本所貢，倭扇、描金盒子類，皆異物也，其所悦于中國者，皆用物也，是彼有資於我，而我無資於彼。忠順則禮之，悖逆則拒之，不易之道也。若徇其求，而慫期許貢，無端互市，斷斷乎不可。

認爲因中、日兩國對對方所要求之物貨之依存度不同，故不利於日本的立場。並且因就連被視爲日本商品之代表的倭扇與描金盒子，也無法滿足明人的需求，所以明在貢舶貿易裏能擺出高姿態，而日本衆多出口貨中最受明朝人士歡迎的，應是刀劍。如據已故豐田武教授所著日本《產業史》一，日本當時的刀劍產地爲備中（岡山縣）的水田、青江，備後（廣島縣）的三原，安藝（廣島縣）的入西，筑後（福岡縣）的大石、三池，肥後（熊本縣）的菊池，薩摩（鹿兒島縣）的波平，豐後（大分縣）的高田杇網鄉，以及阿波（德島縣）的海府等地方。

明代從日本進口的刀劍既然那麼多，它們到底到哪裏去了？後藤肅堂教授以爲被收藏於朝廷的兵器庫，沒有流入民間，太田同意此一見解，認爲需求量如此龐大的，應屬官軍，而此種武器爲官軍所必備。因此他列舉《武備志》卷八七〈牌〉條，與《紀效新書》卷一〈授器解〉的記載，以說明當時軍船上備有腰刀的情形。然後舉同書卷四〈長刀解〉所紀：

此（長刀）自倭犯中國始有之，彼以此跳舞，光閃而前，我兵已奪氣矣。倭善躍，一迸足，則丈餘，刀長五尺，則丈五矣。我兵短器難接，長器不捷，遭之者身多兩段，緣器利而雙手使用，力重故也。今如獨用則無衛，惟鳥銃手，賊遠發銃，賊至近身，再無他器可以攻刺，如兼殺器，則銃重，藥子又多，勢所不能。惟此刀輕而且長，可以兼用，以備臨身棄銃用此，況有殺手當鋒，故用長刀備之耳。

而認為戚繼光所以主張採用長刀——倭刀的理由在此。至於官軍所使用之日本刀，除在貢舶貿易裏正式進口者外，也有與倭寇作戰時鹵獲的。

太田在篇末綜合以上所述，認為經由貢舶貿易正式進口的日本刀，是作為官軍的武器，其故在於日本刀所具有的強韌、銳利及重量輕等優點為明朝所承認。其由走私方式進口者，則成為明人之「偽倭」、「裝倭」之裝備，此乃由於把倭寇與日本刀連在一起的印象相當牢固使然。既然官軍、偽倭以及真倭都使用日本刀來戰鬪，則日本刀在倭寇史上所具有的意義就非常大，因此太田認為我們須回到「日本刀是武器」的原點，來闡明倭寇史。

3 倭寇走私出口的刀與扇

(1)刀劍：

太田在本章探討倭寇從日本走私至中國的日本刀與摺扇問題。倭寇運出商品，雖是正式的貿易形態，卻係走私貿易而與經由貢舶貿易所為者不同。只因走私係暗中進行，鮮有相關史料留存後世，所以雖有不少人從事貢舶貿易研究，但有關倭寇所為私販問題，則未必被探討得很清楚。所以考察倭寇所運出的日本刀與摺扇問題，自有其意義在。

既然經由貢船貿易，從日本出口到中國的主要貨物有刀劍、硫黃、銅、扇、屏風、描金漆器、螺鈿等，則倭寇之以走私方式運至中國者，其數量之遠較貢船貿易爲多，實不難想像。爲證明這一點，太田乃引《明史》卷三二二〈日本傳〉所言：

永樂元年，又遣左通政趙居任，行人張洪偕僧道往。將行，而其貢使已達寧波。禮官李至剛奏：「番使入中國，不得私攜兵器鬻民。宜敕所司覈其船，諸犯禁者，悉籍送京師。」帝曰：「外夷修貢，履險蹈危，所費實多，有所鬻以助資斧，亦人情，豈可概拘以禁令？至其兵器，亦准時直市之，毋阻向化。

並且認爲倭寇從事走私時，也必企畫將刀劍運進中國。

對明而言，實無法否定日本產刀劍的性能優越，然因它們係武器，具有殺傷力而在治安上不能放任，故不能使其任意進口。《武備志》卷二三〇雖稱讚：「刀極剛利，中國不及也。」但如非經由官方而被倭寇隨意進口，出售給民間人士，則不僅有違法令規定，也可能威脅政權的安泰，所以不能坐視不管。

日本刀係倭寇利用船舶從日本運往中國，運輸時當然要避開明朝職官的耳目，太田認爲《明史》〈日本傳〉所紀日僧如瑤率兵四百餘人，詭稱入貢時藏在巨燭裏的刀劍，即爲走私武器的代表性事件，而當時的寧波衛指揮林賢，則有染指走私武器之嫌。太田復以爲倭寇雖被稱爲武裝商人集團，但他們用於武裝自己的刀劍有限，大都被當作商品，暗中大量運往中國，故有時在海上就被查獲，(註二)其未被查獲者，必非少數。

(2)扇子：

扇子原具有將涼風送往己身的功能，用於製作它的材料是紙與竹片或木片，故可說是和平的商品。這些商品，乃經由日本人纖細之手製作之優美工藝品。它們曾在貢船貿易之際輸往中國。

《萬曆大明會典》卷一一一〈禮部〉「給賜日本國」條云：

正貢外，使臣自進，并官收買。附來貨物俱給價，不堪者令自貿易。

所謂「正貢」，就是貢品，日本貢船所攜帶的貨物，分為貢品、使臣自進物、附搭物件三種。明廷對貢品有回賜，因此係對進貢國家的恩賜，故不給價。然如就「有貢即有賜」而言，以與貢品對應著看，則可認為是一種貿易。附搭物件則是與明廷交易的貨物，如據《大明會典》卷一一三〈給賜番夷條例〉的記載，遠夷之人所攜帶之各種物貨，非貢品而願意售與政府者，可依官例具奏，官給鈔錠，酬其價值，而扇子即為當時貨物之一。太田以為經由貢船貿易輸出中國的扇子可能有夏扇、塗骨扇——黨流扇，及其他各類扇子。但他在本篇裏所提的是逸出一般扇子功能的用法的例子。亦即太田認為經由倭寇之手從日本運往中國的扇子既多，其用途也多逸出原有的功能，而「廣東事宜」所謂「清雅」物品，應是指扇子而言。

那麼，經由倭寇之手輸入中國的扇子，其下落如何？太田推測它們為假倭所用，亦即他認為扇子在當時流通中國境內的路線，與刀劍相同。因此他說：當想到經由倭寇之手運至中國之扇子落入假倭之手時，不由得想起假倭完全變成日本人的必要性，而刀劍與扇子都扮演使假倭看似眞倭的工具腳色。又說那些假倭的指揮者在指揮之際使用扇子。爲要扮演倭寇，除日本刀外，也還需要扇子。揮舞日本刀之寇盜與揮動扇子的領導者，因扇子之移動而在絲毫不亂的情況下行動的集團，這也是倭寇的形像之一，所以如說將日本刀與扇子配合在一起，倭寇的大部分形像已塑造完成，也不過分。太田更說，只因扇子可用於指揮作戰，所以原爲和平商品的扇子，就變成軍用物資了。

太田在篇末舉《籌海圖編》卷一二〈經略〉二「寇術」條，《倭變事略》卷一嘉靖三十二年五月初六日條，及《東西洋考》〈日本〉條所記載倭夷慣爲蝴蝶陣，以爲假倭揮扇指揮部下與官軍作戰的佐證。雖然如此，在有明一代從日本走私進口的扇子，其數目必定相當龐大，當時那些扇子是否完全落入假倭手中而沒有出售給一般民衆？這個問題不無商榷之餘地。

四、倭寇之走私與火器·軍需物資

1南北朝內亂與征西器·軍府之走私——與胡惟庸謀反事件的關聯

本章係就日本南北朝時代（一三三六～一三九二）國內板蕩之際，南朝位於九州大宰府的征西府，與走私日本刀至明有關之史實作探討。具體地說，此一事件發生於明太祖洪武十三年（一三八〇），亦即當時的左丞相胡惟庸謀反，而其陰謀雖牽涉到日本的征西府，卻在事件未爆發以前就被發覺的問題。

日本在其南北時代，位於京都的持明院統之北朝，與位於吉野（奈良之南）之大覺寺統之南朝，互爭自己之正統性而以武力對抗著。南朝雖跼蹐於紀伊半島中南部，但在九州尚有若干勢力，此可由征西府之設於大宰府之事實獲得佐證。當時南朝的勢力雖有如風前燭，其征西府卻能存在於九州的要衝，其故安在？在南、北兩朝的長期爭鬪中，由征西府所代表的南朝勢力，亦即支撐南朝勢力的經濟力量到底來自何處？太田認爲如要解開此一疑問，須舉火藥與日本刀劍的走私問題。這兩種物品旣是軍用物資，也是武器，對明朝而言，它們都是管制進口的貨物。旣然管制進口，則它們除經由貢船貿易進口者外，都必需嚴加取締，否則一旦流入國內，勢將影響治安。火藥有被用於鎗砲之虞，尤其日本所產之硫黃，如與中國產的燄硝（硝石）合在一起，在日本製成火藥後運回中國，則對國家安泰所造成的威脅必非淺鮮；至於刀劍，它們的走私進口，也將會影響治安，所以如走私它們就必需重罰。

當武將足利尊氏向南朝豎起叛旗之際（一三三六），後醍醐天皇之子懷良親王（中國史乘俱書爲日本國王良懷）被任命爲征西府將軍，前往四國，於其南朝興國三年（北朝康永元年，一三四二）抵薩摩（鹿兒島縣），指揮當地的南朝部隊。迄至正平三年（北朝貞和四年，一三四八），轉往肥後（熊本縣），爲菊池、阿蘇等豪族所擁護，經略九州。於正平十六年（北朝康安元年，一三六一）在大宰府設征西府，此後至建德二年（北朝應安四年，一三七一）的前後十年之間，以大宰府爲中心活躍於九州北部。此後則因受北朝九州探題（職稱）今川貞世（了俊）之壓迫，不得不退隱於筑後（福岡縣）山地而孤立化。懷良設征西府當時，其在九州的經濟似已陷於困窘。

太田分析當時的九州情勢說：

懷良親王在北九州以征西將軍而存在，他獲菊池、阿蘇兩氏之支援，於足利尊氏之根據地形成一個敵國，而與吉野之朝廷遙相呼應，因此九州的勢力二分爲南朝與北朝，於是九州扮演著南、北雙方的後勤角色。這種情況使倭寇在朝鮮半島的跳梁加劇。在具體上，他們不外乎爲奪取米、麥前往半島的前期倭寇。整個九州的困窮似乎不止缺乏糧食，其能保障經濟來源的工作也非尋找不可。我認爲無論北朝或南朝，必定思考以干犯法禁的工作來解決他們的經濟問題。

因此，太田的此一篇什，係以南朝的征西府及豪族爲中心來考察。他說：由於經濟困窮，南朝系倭寇方纔將火藥與刀劍走私到中國，以獲鉅額的不法利益。就懷良親王而言，爲要維護南朝在九州的據點，無論在軍事上或經濟上都必需獲得保障。他是否爲獲此保障，方纔策畫將火藥與刀劍走私於明，並將它付諸實施？

太田在論述懷良親王的處境後，舉《明史》〈日本傳〉的記事來說明林賢、胡惟庸事件所見日本走私火藥與刀劍至中國的情形，認爲此一事件激怒了明太祖，致他在日後改變對日本的外交方針。

太田又認爲日本人於洪武十三年走私軍火到中國之際，所以會將火藥藏在巨燭裏的原因，不僅爲逃避明朝職官的耳目，也爲了防潮，因爲在海上搬運火藥容易受潮，所以放在巨燭裏是最佳辦法。

接著太田又引用新日本歷史學會編《鎌倉室町時代》所附〈南北朝時代勢力分布圖〉，來論述以瀨戶內海、四國、九州爲中心的，日本南北朝時代的勢力分布情形。更引《明史》〈日本傳〉所言：

洪武二年三月，帝遣行人楊載詔諭其國，且詰以入寇之故。謂：「宜朝則來庭，不則修兵自固。倘必爲寇盜，即命將徂征耳，王其圖之」！日本良懷不奉命。

來證明明廷知道南朝與倭寇有所掛勾。然後說明南朝的勢力範圍與硫黃產地，及它與日本刀的關係。

2倭寇走私中國燄硝至日本

本章論述中國出產的燄硝（硝石）問題。因燄硝產於中國，所以倭寇將它走私日本，使之與日本所產硫黃混合製造火藥。如無火藥，火器便無法發揮其威力，故在思考倭寇與火器之關係時不能忽略燄硝。

製造火藥所需之重要物質爲燄硝與硫黃，而前者所佔比例遠較後者爲高，因此製造火藥時燄硝扮演著重要角色。如為標準的黑色火藥，燄硝佔百分之七十五，硫黃百分之十，木炭百分之十五。此固爲各種物質在火藥裏所佔的比例，卻也表示此三者的重要程度。亦即燄硝最重要，硫黃次之。木炭則隨時隨地都可取得。太田之所以要探討燄硝的走私問題，其因在於它的重要性。居住日本的倭寇無論如何也想將製造火藥所需的燄硝弄到手，而想盡一切辦法，在此情形之下，與明朝之間便會引起種種問題。當要論述使日本的戰術完全改變的歷史時，雖非探討火繩鎗不可，但火繩鎗所用的火藥也得加以研究，故火藥之合成物質之一的燄硝便値得我們研究了。

本章所探討的時期在火繩鎗東傳日本以後，此一時期相當於明嘉靖年間（一五二二～一五六七），亦即在十六世紀後半，但在論述過程裏，間亦回溯到胡惟庸謀反的洪武年間（一三六八～一三九八）。

前此倭寇所經手的商品雖以軍需物資爲主，卻非火繩鎗、火藥、燄硝或硫黃，乃是日本產的刀劍與扇子。後來則交易中國出產的燄硝，其所以如此的原因，與日本國內需要火藥問題不無關聯。倭寇所經手的貨物，從嘉靖年間開始發生變化。將日本刀劍運往中國，勢必影響中國境內的治安，故明朝非嚴加取締不可。把中國出產的燄硝走私至日本，也必造成協助倭寇製作火藥的結果，甚或幫助倭寇增強火力，給明朝國防帶來負面影響，這對明朝而言，實爲重大問題。所以太田引《籌海圖編》卷一一〈經略〉一「兵器」條所紀：

閩縣知縣仇俊卿云：「火器所及，能加于數百步之外，今海寇所恃，全在火器。緣硫黃出於琉球，諸夷製造又多巧。思惟燄硝，中原所產，嚴其禁約，不許人下海潛通，以資其用，則彼失所恃，擒之亦易矣。

來說明中國所產燄硝成爲明朝制禦「海寇」及「諸夷」的王牌，因爲如果「不許人下海潛通，以資其用」，則彼「海寇」或「諸夷」便失其所恃，亦即無法獲得燄硝。而仇俊卿之所以會提出這種意見，表示中國出產的燄硝已流入「海寇」與「諸夷」之手。

倭寇以往所擅長的戰術爲「短兵相接」，而其所缺者爲火器，如今則鳥嘴銃反成爲他們的長技，亦即由肉搏戰轉變爲鳥嘴銃戰。太田復引上舉「兵器」條所紀：

短兵相接，乃倭寇所長，非中國之民所易敵也，其所欠者火器耳。今鳥嘴銃反爲彼之長技，而我兵鳥銃手雖多，不能取勝，何耶？倭人忘命，我兵望之，輒懼而走。或鉛子墮地，或藥線無法，手掉目眩，仰天空響。

以爲這段文字背後表示當時倭寇手裏有大量的火藥。

太田認爲我們可從胡惟庸的謀反事件窺知走私火藥的一個層面，而須將此謀反事件當作走私日本刀劍的事件來把握。他又認爲這是值得注意的走私火藥的例子，且可解作日本製火藥被走私到中國之方式之象徵性事件。日本製造火藥時所使用的燄硝可能產自中國，硫黃可從日本或琉球採掘，應是利用它們，至於木炭，則日本可以自給。就這樣經由中國出產的燄硝與日本（或琉球）出產的硫黃，加上日本產木炭的混合過程，火藥便成爲一種商品，從日本走私到中國。而介入將中國燄硝偷運至日本的既是倭寇，把日本製造的火藥搬進中國的也是他們。太田更認爲胡惟庸的謀反事件，把當時的中、日兩國關係的黑暗面作象徵的表現。無論刀劍或火藥，都是軍用物資，且爲明朝的管制品。此管制物品的走私實態既在此謀反事件中表露無遺，而且作爲軍需物品之掮客（broker）面貌也顯現於此事件裏。

太田又認爲走私中國燄硝至日本者除倭寇外，應還有協助、接濟倭寇者存在於中國境內，爲此他舉《籌海圖編》卷一一〈經略〉一「敍寇原」所言：

凡通番之家則不相犯，人皆競趨之。杭城歇客之家貪其厚利，任其堆貨，且爲之打點護送。如：銅錢用以鑄銃，鉛以爲彈，硝以爲火藥，鐵以製刀鎗，皮以製甲，及布、絲綿、油、麻、酒、米等物。

來證明「杭城歇客之家」「打點護送」中國出產的各種物貨至番國。然後在篇末論述燄硝與北狄之間的關係，以爲當時運往日本的燄硝，除中國產品外，尚有產自北狄的。

3 與倭寇有關的燄硝、硫黃、火藥

本章論述倭寇（包括中國奸民）與中國明代出產的燄硝（硝石）的關係，及倭寇與日本產硫黃的關係。在明代中、日兩國貿易裏，無論公開的或走私的，燄硝與硫黃的問題都不能忽略。燄硝與硫黃都是製造火藥的重要原料，故其交易情形經常被置於明廷的監視之下，實施管制貿易。然因這些物資所具有軍事上的重要性，與隨之而來的豐厚利潤，使包含中國奸民在內的倭寇將燄硝走私至日本，並把硫黃偷運回來。明與日本因彼此求取燄硝、硫黃而有相互倚靠的關係，且其倚靠程度頗高而導致倭寇的猖獗。

太田首先探討倭寇與燄硝的關係，而列舉《籌海圖編》〈兵器〉條所紀倭寇之長技爲短兵相接，及閩縣知縣仇俊卿所言「海寇所恃，全在火器」；並引《明神宗實錄》，卷五三〇，萬曆四十三年三月丁未朔辛丑條所錄右給事中彭惟成所疏陳時政之言：

倭夷……彼得我福船價千金，鳥船數百金，批點《通鑑節略》四十金，《輿記》二十金，燄硝、金、鐵，皆二十倍於土價。而他錦綺、器物，不過數倍。此其誘我邪民，搆我利器，習我舟楫，偵我虛實，勾誘呼應，而我可無衣袽之戒？

以說明走私燄硝等管制物資的利潤遠較錦綺或其他器物爲高。

硫黃產自日本、琉球，《皇明四夷考》上卷〈日本〉「物產」條有相關記載。《天工開物》卷中〈燔石〉條曰：

凡火藥，硫爲純陽，硝爲純陰，兩精逼合，成聲成變，此乾坤幻出神物也。硫黃不產北狄，或產而不知煉取，亦不可知。至其砲出于西洋與紅夷，則東徂西數萬里，皆產硫黃之地也。其琉球土硫黃，廣南水硫黃，皆誤紀也。

同書卷下〈佳兵〉「兵器」條則曰：

凡硫黃配消（硝）而後火器成聲，北狄無黃之國，空繁消產，故中國有嚴禁。

因此中國嚴禁硫黃之流出北狄。明廷爲要禁戢倭寇而禁止輸出燄硝，及禁止輸入硫黃；並且爲北虜之入侵而禁止將硫黃輸出彼邦，此乃苦於「南倭北虜」之騷擾的明朝之火藥政策而值得注意。

太田引田中健夫《倭寇與勘合貿易》所述火繩鎗之東傳日本，和它與倭寇渠魁王直的關係，及王直給日本戰術史以革命性影響的一段文字後，認爲王直對日本的影響不止於此，而火藥及火藥混合物品商人的層面也應附加在他身上。太田認爲鎗砲交易所獲利潤雖高，但那些鎗砲所消耗的燄硝與硫黃，以及經銷火藥所能獲得之利益也不能忽視。通常大家都只注意鎗砲的買賣，然是否應更留意於日常消耗的燄硝、硫黃及火藥的問題？因爲買賣鎗炮只能獲一次利益，燄硝、硫黃、火藥等物的交易所帶來的利益則是長久的，因此經銷燄硝、硫黃、火藥的王直的作爲值得佩服。

太田又介紹火藥的製法，而表列《天工開物》與《武備志》所記載燄硝與硫黃的比率，並詳舉各類火藥的配方。不僅如此，還將此兩書所記載十四種火藥的燄硝與硫黃的比率表列比較，使讀者一目了然。

太田認爲明廷所需硫黃雖從日本或琉球進口，然因製作火藥時硫黃所佔比率不高，故其進口量可能不多。職此之故，包含倭寇在內與硫黃有關的日本人，除正式的貢舶貿易外，理應會致力促銷硫黃。更何況當時的日本能夠出口的貨物不多，唯有硫黃爲日本特產，且取之不盡，故爲最適合出口的物品。就中國言之，私造火藥者所需數目雖不多，卻須干犯國禁纔能獲得。

日本則雖出產硫黃，須由中國提供焰硝。在此場合，猶如水自高處流向低處，焰硝便從中國運往日本，明朝則欲以禁遏焰硝流出日本的方式來禁戢倭寇。因爲焰硝一旦落入倭寇之手，便意味加強了他們的戰鬥力量，所以在防倭上也無法置之不理而必需嚴禁出口。

太田除論述倭寇之走私焰硝、硫黃問題外，又在篇末列舉《明英宗實錄》、《明世宗實錄》、《明穆宗實錄》、《明神宗實錄》，以及《明史》〈朝鮮傳〉所記載與火藥有關的中國奸民的動態，認爲明代出產的火藥品質優良，它在倭寇所經手商品裏的地位不低。

4再論倭寇王王直與火器、軍需物資

本章係在舊稿裏加上新資料，故附「再論」兩字。本章論述有倭寇王之稱的安徽歙縣商賈王直，他擔任買賣鎗砲與製鎗原料——鐵的掮客，及經銷軍需物資硫黃、焰硝、木棉之事實，兼論他除經手這些物品外，也利用火器來抵抗官軍的經緯。

日人南浦文之於一六〇七年完成的《鐵砲記》有如下記載云：

天文癸卯秋八月二十五丁酉，我西村小浦有一大船，不知自何國來。船客百餘人，其形不類，其語不通，見者以爲奇怪矣。其中有大明儒生一人，名五峰者，今不詳其姓字。時西村主宰有織部丞者頗解文字，偶遇五峰，以杖書於沙上云：「船中之客，不知何國人也，何其形之異哉。」五峰即書云：「比是西南蠻種之賈胡也。」

天文癸卯即天文十二年，相當於明嘉靖二十二年（一五四三），西村小浦在日本九州南端的種子島。田中健夫教授以爲文中所提五峰，就是渠魁王直之號，他認爲王直與火繩鎗之東傳日本有關而非常有趣。太田教授則認爲這段王直與火繩鎗之東傳日本有關之記述，也與身爲火器之掮客，及軍需物資之掮客之王直之形像相結合，而他在日本人與葡萄牙人之間扮演通事的角色，也值得注目。王直既與火繩鎗之東傳日本有關，也可能涉及搬運、販售鎗枝至日本，並且經手鎗枝不可或缺的相關物品。非僅如此，就連成爲鎗枝之原料的鐵材也走私進口。〈窮河話海〉「器用」條云：

> 手銃初出佛郎機國，國之商人始教種島之夷所作也。次則棒（坊？）津、平戶、豐後、和泉等處通作之。其鐵既脆不可作，多市暹羅鐵作之也，而福建向私市彼以作此。

太田據此以爲我們無法否定王直與走私鎗枝及鐵材至日本有關。

　太田以爲王直既是火器的掮客，也是軍需物資的掮客。就中國方面言之，在治安上無論如何也不可讓火器與軍需物資流入國內。與此相對的，這些物資如被運往日本，也勢必增強倭寇的戰力而無法默認。然如有「違禁品」存在，則必有干犯法禁經銷者出現。在明嘉靖年間經銷上述違禁品者即爲王直。《籌海圖編》卷九〈大捷考〉「擒獲王直」條云：

> 嘉靖十九年，時海禁尚弛，直與葉宗滿等之廣東，造巨艦，將帶硝黃、絲綿等違禁物抵日本、暹羅、西洋等國，往來互市者五六年，致富不貲，夷人大信服之，稱爲五峰船主。則又招聚亡命若徐海、陳東、葉明等，爲之將領。

硝黃固爲軍需物資，但太田以爲絲綿亦屬之。其故在於絲綿可作火繩鎗之火繩、兵衣及船舶之帆。太田雖以絲綿爲棉布，然這就如古代日本人士之稱蠶絲爲眞綿似的，其說有待商榷。

王直所經銷的貨物既屬明廷所必查緝的火器與各類軍需物資，則其所獲利潤必定相當可觀。當他從事走私時，無論在獲利方面或在統御手下方面，都遠超過其他倭寇，此固爲王直高人一等的因素之一，但我們也須觀看使用火器的倭寇王直之眞面目，亦即王直是因發動武力而爬上強者的地位。職此之故，太田認爲當我們想把握王直之活動時不能忽略這個層面。前舉「擒獲王直」條又云：

> 又嘗以扁舟泊列表，參將俞大猷驅舟師數千圍之。直以火箭突圍去，怨中國益深，且眇官軍易與也。

太田認爲王直之所以能夠充分利用火箭來戰鬪，其故在於他既是火藥掮客，又是超越走私商人領域之火器使用者。

太田其次考察王直之所以成爲倭寇頭目的原因，認爲他之所以能提高地位的主要因素，與軍事有關。私販固須保密，但如係經辦火器、燄硝等物品，則非更嚴格的守密不可。對倭寇而言，保密實成爲他們的重要課題。由於這類物資的走私既須逃避官方的查緝，又非冒嚴厲法律制裁之險不可，所以是非常危險的工作。雖然如此，王直卻能君臨倭寇世界，自有他的一套辦法。太田在篇末引茅元儀《武備志》卷二三〇〈日本考〉所云：

> 王直者徽人也，嘯逋海上。能號召諸夷，治大舶，巢五島中。奸商王滶、葉宗滿、謝和、

王清溪等，共集眾與相署置，倭之來，皆直等導之。

來證明王直不僅有統御衆人的能力，也還有因私販軍需物資所獲偌大財富，以及軍事上的威力，終於使他登上倭寇王的地位。

5王直與暹羅貿易——以軍需物資爲中心

太田教授在本章論述倭寇往來於廣東之南澳島，或以此島嶼爲貿易品之轉運站，從事暹羅貿易之事實，與闡明日本、暹羅兩國交通史上倭寇所扮演的角色，及廣東一帶地方在暹羅貿易裏所處地位的重要性。

衆所周知，明代的中、日兩國貿易，除官方的貢舶貿易外，尚有倭寇所爲之走私貿易，而明與暹羅兩國的貢舶貿易體制背後，也同樣存在著倭寇的活動。就明與暹羅言之，其走私路線係因倭寇之活動而在廣東一帶之島嶼設轉運站或經由地點，形成一條走私路線而彼此聯結著。

明代的中、日貿易或中、暹貿易，雖都是以明爲中心的兩國間貿易體制，而非如日、暹兩國間的直達路線，然在其背後活動的倭寇，則既可從事中、日兩國間的走私，也可作經由中國，或以中國爲轉運站的日、暹兩國間的走私，及中、暹兩國間的走私活動。太田認爲走私貿易遠較華夷秩序所支配的官方貿易靈活（flexible），且能保持其通融性。

倭寇係經由中國東南沿海之島嶼，將其活動舞臺擴及於暹羅，亦即倭寇係以東自日本，西至暹羅的廣大區域作爲活動範圍。這種情形與前此以朝鮮半島，或以中國大陸爲中心活動者有異。

太田以爲前舉「擒獲王直」所謂：「嘉靖十九年，時海禁尙弛，直與葉宗滿等之廣東，造巨艦，將帶硝黃、絲綿等違禁物抵日本、暹羅、西洋等國，往來互市者五六年，致富不貲。夷人信服之，稱爲五峰船主。」即爲倭寇從事暹羅貿易的佐證。太田又以爲包含暹羅在內的東南亞海域有來自西方的通商路線——海上絲路，而經由包含廣東附近的各港口，然後至華中各港埠。因此，倭寇所從事暹羅貿易，或包含東南亞貿易在內之活動事實，意味著當時的倭寇之足跡及於華中、華南，而其與暹羅、滿剌加等地聯接的部分，則是航行既有的海上絲路。太田更以「敍寇原」所謂：

都督萬表云：「向來海上漁船出近洋，打魚樵柴，無敢過海通番。近因海禁漸弛，勾引番船，紛然往來海上，各認所主，承攬貨物裝載。或五十艘，或百餘艘，或群各黨，分泊各港。又用三（舢）板、草撇角船，不可勝計。在於沿海兼行劫掠，亂斯生矣。自後日本、暹羅諸國，無處不到。又誘帶日本島倭奴，借其強悍，以爲護翼。

來強調倭寇從事暹羅貿易之事實，並圖示明、日本、暹羅間的貢舶貿易與走私貿易之方式。

太田接著又說明作爲日、暹走私貿易之中間地點的廣東附近的問題，並舉「廣東事宜」所謂「東路」、「中路」、「西路」，而強調「東路」與倭寇之間的關係，從而認爲廣東一帶是倭寇前往暹羅時所必經之地，且係他們購買中國產品的地方。同時，他也還認爲該地之成爲倭寇補給水、米的基地之可能性高。

太田又舉「廣東事宜」的記載，及臧勵龢等編《中國古今地名大辭典》〈南澳山〉條所言：

孤峙海中，形如筆架，延袤三百里。田地肥沃，中有三澳。明洪武中，居民爲海寇侵擾，詔令內徙，遂虛其地。其山四面蔽風，大潭居中，可以藏舟。嘉靖初，倭船於此互市。既而倭自福建之浯嶼移泊南澳，建屋而居，爲粤東患四十年。

來論述南澳的地理環境，與該島之成爲倭寇淵藪的經緯，從而推測王直可能著眼於該島的重要性而首先利用它，確立了包括中國、日本、暹羅三國間的走私貿易體制，及其養子毛海峰（王激）從舟山遷徙至此的理由。

繼則太田以前文所舉「福建事宜」所紀：「漳、潮乃濱海之地，廣、福人以四方客貨預藏於民家，倭至售之。倭人但有銀置買，不似西洋人越貨而來，換貨而去也。」的一段文字，來說明南澳島與漳、潮地區的關係，以爲南澳與漳、潮各爲販售私貨與購買私貨之中心，有分擔任務的跡象。

在篇末，太田更舉「福建事宜」所言：

三四月，東南風汛，番船多，自粤趨閩而入於海。南粤雲蓋寺走馬溪，乃番船始發之處，慣徒交接之所也。

來論述倭寇與福建的關係。

6王直載運暹羅鐵至日本

本章係以鄭舜功《日本一鑑》卷二所見，以「暹羅鐵」與「福建鐵」爲原料製作之「手銃」

作論述之重點。

如據《日本一鑑》的記載，福建出產的鐵被偷運至暹羅後，便以暹羅鐵的名義轉運至日本，故此兩種鐵原屬一物。太田以爲本應將它視爲一物來進行探討，但在此姑且根據《日本一鑑》所標示，將「暹羅鐵」與「福建鐵」分開的方式來討論，並言它們兩者之間的關係。

太田以爲暹羅鐵、福建鐵可能由倭寇運往日本，其所以作如是想，乃由於它們俱非日本的產物，如要運至日本，則非利用船舶經由海洋不可。若然，則不得不令人想起搬運它們者可能爲倭寇，此乃因倭寇既是軍需物資的掮客，也是武力發動者。

如據日本文獻的記載，日本的步鎗係在天文十二年（明嘉靖二十二年，一五四三），由葡萄牙人東傳。位於九州南端的種子島島主種子島時堯購買兩把，並使人學其用法與製作方法，而其製作技術在不久以後便流傳於日本各地。《日本一鑑》〈隧島新編〉卷二「器用・手銃」條有相關記載云：

> 初出佛郎機國，國之商人始教種島之夷所作也。次則棒（坊）津、平户、豐後、和泉等處通作之。其鐵既脆不可作，多市暹羅鐵作之也，而福建鐵向私市彼以作此。

此明言步鎗爲葡萄牙人所傳，日本人用以製作這種武器的原料則爲暹羅鐵，而暹羅鐵是從福建走私進口的，倭寇頭目王直也可能從事此一方面的交易。

太田認爲暹羅鐵或福建鐵被運往日本後，初時用來製作日本刀，後來成爲製作日本刀與火繩鎗的材料。其製作地點，則根據《日本一鑑》〈隖海新編〉卷三「浮海圖經·夷海上道·夷海右道」的記載，以爲是薩摩國(鹿兒島縣)的棒(坊)津，肥前國(長崎縣)的平戶，豐後國(大分縣)的豐後，及和泉國(大阪府)的和泉。且舉《籌海圖編》卷二〈倭國事略〉所紀倭寇之出身地點：

向之入寇者，薩摩、肥後、長門三州之人居多，其次則大隅、筑前、筑後、博多、日向、攝摩津州、紀伊、種島，而豐前、豐後、和泉之人亦間有之，乃因商於薩摩而附行者也。

來印證其所言之不誣。並且又引侯繼高《全浙兵制考》附錄〈日本風土紀〉卷二「百工器械」條所謂：

鳥銃原出西番波羅多伽兒國，佛來釋古者傳于豐州鐵匠。近來本州鐵匠造鳥銃，一門價值二十餘兩。用之奇中，爲上。其別州雖造，無此所製之妙，其價所值不多。

來說明原製作刀劍的鐵匠以其精湛的技術製作鳥銃，而以豐州的產品爲上乘。

太田以爲廣東出產的鐵原較福建者有名，《日本一鑑》之所以不言廣東鐵而說福建鐵，可能肇因於將商品運往消費地時，以其所經由的地名爲貨名，亦即倭寇載運廣東鐵前往日本時經過福建，所以纔以福建爲名，而我們應注意其地理關係。非僅如此，倭寇侵華時，廣東與福建均被視爲具有代表性的中轉站，彼此構成一系的「總路」，而《籌海圖編》卷二〈島夷入寇之圖〉所謂「閩廣總路」即指此而言。

太田曾以〈倭寇輸入之鐵——由鐵鍋至製作日本刀〉爲題，論述倭寇可能以鐵鍋的形式，把廣東出產的鐵運往日本。亦即倭寇將廣東佛山出產的鐵輸入日本，以之爲製造日本刀的原料。由於當時的日本生產大量的刀劍，故認爲廣東也是原料來源處。將外國出產的鐵運至日本的情形，在火繩鎗東傳後也可能繼續存在著。其成爲日本刀與火繩鎗原料之所謂「南蠻鐵」，它涵蓋暹羅鐵及廣東鐵、福建鐵等，都在暹羅鐵的名義下被運到日本。

太田在篇末所標示當時由倭寇進口日本的鐵所經途徑如下：

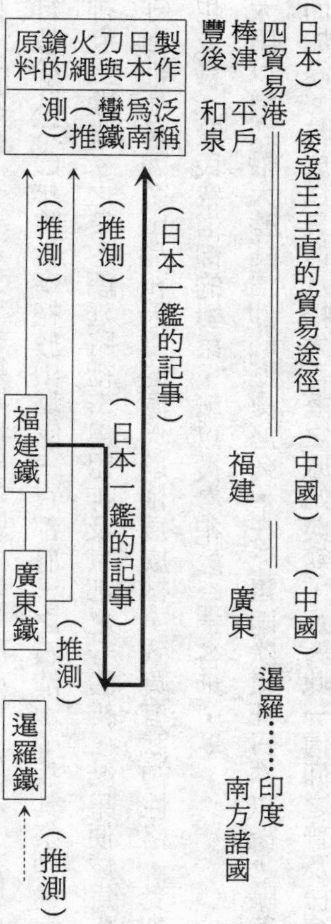

五、倭寇與八幡大菩薩信仰

1 八幡大菩薩信仰與「八幡船」——後期倭寇船舶「八幡船」說之倡導

太田在本章論述日本人的八幡大菩薩信仰與倭寇船舶的關係。所謂八幡信仰，就是自古以來所流傳諸神中，信仰最爲廣泛者之一。相傳初時爲穀神而可能源自九州宇佐氏之族神，由巫女主持祭祀。因豐前國（福岡縣、大分縣）從古代開始產銅，所以也被視爲產銅之神而受尊崇。迄至奈良時代（七一〇～七八四），以鑄造東大寺大佛爲契機，成爲託宣（註三）神而進出中央。平安時代（七九四～一一八五）初期則由朝廷贈與大菩薩之號，成爲「神佛習合」（註四）的前驅。因釋行教於八六〇年將祂奉祀於山城國（京都府）之石清水，故其祭神遂與相傳爲第十五任天皇的應神發生關聯。之後，朝廷將祂奉爲祖神及京都之守護神，結果便成爲僅次於伊勢神宮的日本第二守護神。又因系出清和天皇的源氏以祂爲族神，致具有武神性格，受到武人廣泛的信仰。由於祂也成爲一般民衆信仰的對象，所以被奉祀於全國各地。

太田以爲八幡大菩薩信仰的歷史悠久，在元軍兩次東征日本以後，隨著日本人士神國思想之發展而加深。其成爲景仰八幡大菩薩之原始典籍，及對此一信仰之普及扮演推廣角色者爲《八幡愚童訓》（又名《八幡愚童記》），其故在於它書寫著拯救元軍東征之兩次國難者爲八幡大菩薩。

太田說，當他閱讀《八幡愚童訓》，而探討李氏朝鮮於一四一九年進攻對馬島（應永之外寇）事件與八幡菩薩信仰之關係時，發現它們兩者與倭寇船舶即「八幡船」說之成立密切不可分。又說，日本學術界對倭寇船舶之是否爲「八幡船」的問題爭論不已，但在此一篇什裏卻要提出他個人的看法，亦即倭寇船舶就是「八幡船」，時期則侷限於後期倭寇猖獗之際。

本篇首先論述李朝進攻對馬島事件與八幡大菩薩信仰的關係，次言八幡大菩薩與前期倭寇的關聯。在此他舉伏見貞成親王的日記《看聞御記》的記事，以言該日記之所以書寫神功皇后（註五）協助日軍擊退李氏朝鮮進攻對馬島的部隊的情景，可謂明確表示了八幡大菩薩與前期倭寇的關係，而尤以應永二十六年（永樂十七年，一四一九）八月十三日之記事爲然，亦即其〈探題注進狀〉裏明白書寫著動員「海賊」之事。

神功皇后也是八幡神的神祇之一，太田以爲朝鮮軍進攻對馬島時出現「女人」，她協助日軍擊退敵艦的事態，即是神功皇后亦即爲八幡大菩薩的顯現。太田又以爲前期倭寇對天照大神、春日大明神、八幡大菩薩等三神的崇敬程度並無軒輊，而在其船上懸掛此三神的旗幟，所以並無著重於某一神祇的情形。直至後期倭寇出現的時代，方纔被認爲倭寇船舶就是「八幡大菩薩」船。太田說：朝鮮遣軍攻打對馬島以後，成爲後期倭寇與倭寇船舶活動之原動力的，就是八幡大菩薩的保佑。世上有「八幡船」說，我們不可認爲這是信口開河而一概予以否認。當時可能有期待八幡大菩薩之神德或靈驗、靈威，將「八幡大菩薩」之旗幟懸掛於船桅者。即使懸掛，也可能有人將祂視爲船舶之守護神，私自奉祀於船上。《日本一鑑》〈䌫海新編〉卷二「器用・附言土產・幢幡」條有相關記載云：

或書天照大神、春日大明神、八番（幡）大菩薩，法場之內多用之，海船之上祈禱之，海賊寇皆奉之。昔諮夷人，答曰：「此先王也，可庇賊乎」？爲言曰：「浸不禁止，汝先王被其污也」。答曰：「然」。

太田認為文中所述者雖是故事，但含有重大意義。亦即倭寇如想獲八幡大菩薩之保佑，就非將其行為作某種程度的改正不可，因為如果只從事寇掠，則無論如何將自己的行為正當化，也難獲八幡大菩薩之保佑。然如從事商品交易之一的走私，或為自衛而採取的武裝行為，則其罪惡感當不會那麼強烈。由於客觀情況的變化，倭寇便轉向此一路線，因而對三大神祇的信仰，也傾向於八幡大菩薩方面。

太田接著解釋「八番（幡）大菩薩」旗所具有的意義，然後探討八幡大菩薩信仰與後期倭寇的關係。認為後期倭寇主要寇掠中國，且從事走私勾當。因他們認為八幡大菩薩的神德與靈驗、靈威能守護他們，所以他們奉祀祂。

八幡大菩薩信仰能夠守護日本國，故其保佑也會及其國民與倭寇船舶。如果乘船出海，祂的庇佑當然也會及於船上。「八幡大菩薩信仰」到達而為其保佑所包裹的倭寇船舶，就是「八幡船」。「八幡」意味著日本的一切商品，故「八幡」船含有運輸日本商品之船之意，因而「八幡」船與「走私」船同義。《明史》〈日本傳〉所謂：

海中巨盜遂襲倭服飾、旂號，並分艘掠內地，無不大利，故倭患日劇。

固為發生於嘉靖年間（一五二二～一五六六）之事，卻是描述後期假倭的。因此，假倭所模仿的倭寇船舶，亦即後期倭寇船舶之為「八幡船」的可能性頗高。

2 應永外寇與神國思想——神功皇后與八幡大菩薩之重現

本章主要闡明元軍東征日本以後昂揚的日本人的神國思想，以朝鮮攻打對馬島的所謂應永外寇為契機更為加強、擴大幅度的經緯。雖說是神國思想，在具體上，太田所欲言者，乃是日本國民對其神功皇后的景仰與八幡信仰。所謂八幡信仰，就是對八幡大菩薩的皈依。在此，太田以《看聞御記》、《滿濟准后日記》等日方史料為中心，來探討這個問題。

當要探討朝鮮進攻對馬島問題時，通常都會重視發動此一軍事行動之李朝之史料《世宗實錄》。李朝雖只襲擊一個細小的島嶼，卻是入侵他國的行為，故係在詳細計畫下實施者，所留下的紀錄當然正確。對被入侵的日本而言，因事出突然，所以無法掌握事情的實況。尤其當地的對馬，到底哪一個國家的人馬入侵？船艦若干？兵力多少？非在混亂中向本國報告不可。在此情況下所為之報告，勢必流於草率而難作正確的把握。並且這種不正確的情報是經由好幾個人傳送到京都。從對馬發出的這種原本未必正確的情報，攙雜了傳送者個人的揣摩臆測，與史料製作者的憑空推測或情感來紀錄，故其眞實性便值得懷疑。因此，本章不考察事情的眞相，而將重點放在日方史料所紀錄之八幡信仰方面。

八幡大菩薩信仰的本源在九州的宇佐八幡，古代神名為八幡菩薩宇佐宮、比賣神社、大帶姬廟神。平安時代前期分祀於京都石清水，之後此八幡宮便成為守護京城之神而受尊崇，其地位也僅次於奉祀皇室祖神的伊勢神宮。八幡宮所奉祀的神祇為應神天皇與神功皇后，成為系出皇家的源氏之族神，所以它隨著武士政權的成立而居於武神首位。其從石清水八幡宮分出而建於九州北部者爲筥崎宮。至於將此神祇與元軍之東征日本結合在一起，以言八幡大菩薩之神德與靈驗、靈威者則爲《八幡愚童訓》。由於此書也紀錄元軍東征當時的史料，所以不能只認爲它是神話而予以排斥。此書對李朝入侵對馬以後的八幡信仰有很大影響。

朝鮮軍之進攻對馬島，乃發生於室町時代的事件，爲倭寇之寇掠所苦的李朝於一四一九年（明永樂十七年，日本應永二十六年），以二二七艘船載運一萬七千名將士進攻倭寇之根據地對馬島，雖僅經十餘日即撤軍返國，卻使日本國內騷然不安。對日本而言，此一事件實屬國難，爲拯救國難而再度顯現的就是神功皇后，亦即八幡大菩薩。說穿了，就是日本人從元軍東征時期開始，至李朝發動大軍攻擊對馬這段期間，一直保存著由《八幡愚童訓》所蘊藏的八幡信仰，並且好像在爆發突如其來的事件之際，方纔又見到八幡大菩薩的靈驗與靈威，重新認識蘊藏於《八幡愚童訓》裏的八幡信仰之可貴。

元軍的第二次東征日本結束於一二八一年，從這時開始經一百三十八年餘的歲月後，對馬受到朝鮮的襲擊。太田以爲如以元軍的前後兩次征日爲第一、二次國難，則發生於一四一九年的事件爲第三次國難。所以在此可發現其連續性，即從克服第一、二國難產生的神國思想，與《八幡愚童訓》相結合，經時間的考驗後與室町時代相連接而遭遇第三次國難，並且以此爲千斤鼎，愈益加強「日本是神國」的觀念。

繼則太田以《看聞御記》所見的記事，探究朝鮮入侵對馬當時的日本人士之神國思想，及該日記所錄〈探題注進狀〉所言「似爲大將」的「女人」。然後論述《八幡愚童訓》所紀錄之八幡大菩薩爲應神天皇，神功皇后則居配角地位。並且認爲釋滿濟的《滿濟准后日記》有關朝鮮入侵對馬的記載，雖有誇大與粉飾的文字，但可成爲探討當時的日本人士如何迎接此第三國難的線索。

太田在篇末論述神功皇后、八幡大菩薩與海水、河水均有密切關係。其所以與水發生密切關聯，乃由於神功皇后、八幡大菩薩之顯現、拯救日本前後三次國難的舞臺都在海上。

根據前文所述，太田以爲從元軍東征日本開始產生的日本人對護國的自信，與對外國的敵愾心，隨著八幡信仰而成爲神國思想。這種思想爲後世之人所繼承，發揚光大。其由《八幡愚童訓》所繼承的八幡信仰，雖隨時間之流逝平靜下來，卻原原本本的爲後人所繼承而未曾熄滅。所以朝鮮攻打對馬島，是使日本人重新認識神國思想的事件，使他們想起昔日神功皇后之征討三韓，從而透過神功皇后重現了八幡大菩薩。這種八幡大菩薩信仰，終於促使〈神功皇后緣起繪卷〉（八幡緣起繪卷）的問世。不用說畫軸裏的主角是神功皇后與其子應神天皇，亦即爲八幡大菩薩。

3應永外寇與「第三次神風」——神國思想的發展

本章論述與李朝在室町時代，遣軍進攻對馬島有關的「第三次神風」問題。元軍的前後兩次東征日本，都因遭颶風而告敗，當時的日本人以此颶風爲神風，而朝鮮太宗於一四一九年，發動大軍，進攻倭寇淵藪對馬島之際所吹襲之大風，似乎也被認爲是神風。他們之所以有這種想法，不外乎爲神國思想之表現。這種思想從鎌倉時代開始，爲室町時代所繼承，至朝鮮進攻對馬島後被加強，並擴大其幅度。有關朝鮮進攻對馬島的問題，《朝鮮世宗實錄》卷三元年六月甲戌朔癸巳條云：

午時，我師十餘艘，先至對馬島，賊望之，以爲島人得利而還，持酒肉以待之。大軍繼至，泊豆知浦，賊皆喪魄遁逃，唯五十餘人拒戰而潰，悉棄糧儲什物，走入險阻不與敵。先遣投化倭池文，以書諭都都熊瓦，不報。我師分道搜捕，奪賊舡大小百二十九，擇可用者二十餘艘，餘悉焚之。又焚賊户千九百三十九，前後斬首百十四，擒生口二十一。芟除田上禾穀，獲被虜中國男婦百三十一名。諸將問所獲漢人，知島中饑甚且倉卒，雖富者持糧不過一二斗而走。以爲久圍則必餓死，遂置栅於訓乃串，以遏賊往來之衝，以示久留之意。

都都熊瓦，就是對馬島主宗貞盛。朝鮮將此戰事稱爲己亥東征，日方則似乎把它視爲元軍的第三次東征（應永外寇）。太田說，只因當時的日本人將它視爲元軍的第三次東征，遂產生第三次神風的觀念，且有令人窺見此第三次神風存在的相關文獻史料，它們與元軍之第三次東征問題結合在一起。

太田以爲神之以風的姿態所顯現的「神風」，並不止於甲戌、辛巳兩戰役裏的第一、二兩次，辛巳之役後經一三八載的己亥年（一四一九）六月吹襲者，也被認爲是這種風。太田說，所謂神風，並非獲神之掩護所刮之颱風，乃是在作戰之際，神成爲風而顯現。雖然如此，基本上還是實際發生的自然現象。神風是在粉飾、潤色自然現象的過程裏，與神祇發生若干關聯的方式產生，而第三次神風也是在能夠窺探這種情況的自然現象下，方能存在。然本章所用「元軍之第三次東征」或「第三次神風」等詞，並不存在於日本史料，乃是作者所假定者，故非一般用語。

《看聞御記》記載著己亥東征當時所發生「奇特神變，不可思議之事非止一端」的種種例子，而另一史料《神明鏡》也有與此類似的紀錄。陰曆六月相當於陽曆七月，此一季節恰好爲颱風季，所以在日本沿岸，尤其九州乃易受颱風襲擊的季節，所以即使暴風雨之被視爲「第三次神風」，也不足爲奇。

日本人把元軍的兩次東征視爲國難而產生很大的危機感，當時因在各地神社、寺院祈禱「異國・敵國降伏」，故此舉動引起了宗教的昂揚。復由於前後兩次東征都因受颶風襲擊而失敗，遂加強了日本人士「日本是神國」的神國思想。其支撐此神國思想者，則由來於八幡大菩薩之神德、靈驗、靈威之保佑思想。以八幡大菩薩爲中心的「日本是神國」的思想，雖從鎌倉時代流傳到室町時代，然在鎌倉時代以後，即使發生過對外關係緊張的局勢，也沒有直接受到攻擊的例子，所以無法否定此神國思想隨著時間的流逝而欠缺具體性，只漫然想著「日本是神國」而已。當此之時，給倚賴神祇之神國思想信奉者打氣，使其神國思想更爲發達、昂揚的，就是朝鮮進攻對馬事件，因此一事件使日本人重新認識他們的神國思想。更由於《看聞御記》所收錄的戰地報告裏，書寫著因「風雨」而擊退敵艦之事，所以當時日本人之以此風雨爲「第三次神風」，乃理所當然之事。直接了當地說，八幡大菩薩成爲「第三次神風」。

日本人士雖因朝鮮之己亥東征而使其「神國日本」意識更爲昂揚，但其至此地步的過程裏，支撐其神國思想之圖書爲《八幡愚童訓》。太田以爲此一影響雖大，卻非直接的。所以他不僅對這方面的問題作詳細說明，也還對朝鮮入侵後的日本人士之「八幡大菩薩」信仰、「八幡大菩薩」旗幟之出現問題作一番論述。更認爲當時的日本人不僅閱讀了《八幡愚童訓》的史料部分，也還相信強調八幡大菩薩的恩惠的部分，這纔使他們將書裏所寫兩次神風，轉而將朝鮮入侵當時的風把握成爲「第三次神風」。

結語

以上乃對太田弘毅教授著探討明代倭寇問題的大作內容作簡單扼要的介紹，由此當可窺知明代倭寇走私活動之端倪。然因本書係將平日所發表單篇論著都爲一册出版，故其所論述者，難免前後有若干重複之處。

前此日本學者對倭寇問題所爲之研究不可謂不多，但其研究主題大都偏重於倭寇產生的原因，或其組成分子等，而對倭寇活動的內容則鮮有論及者，且其所利用的資料也侷限於《明實錄》、《明史》、《籌海圖編》、《朝鮮王朝實錄》等而未及他書，致所作結論未必正確。但太田教授的此一論著則與他們有異，乃完全從不同的層面來探討，利用幾乎不爲日本學者所注意之史料如：釆九德《倭變事略》，鄭舜功《日本一鑑》等嘉靖年間完成的史料，以言前人之所未言，而有許多獨到的見解，故對日後相關學術領域的研究當有莫大裨益。雖然如此，如能利用方志，將更佳。

太田在本書裏一再強調倭寇私販的硫黃與扇子與軍事有關，認爲倭寇走私至中國的硫黃係被用於製造火藥，扇子則被用於寇掠時的指揮，而未言及其他用途。由《明實錄》或瑞溪周鳳《善鄰國寶記》所錄〈大明書別幅〉可知，明代由日本輸入中國的硫黃，每次均有數萬斤之多，此外，尚有從琉球進口者。若將它們相加，則當時由官方進口者不少，更何況又有太田所謂走私貨，所以由公、私兩方進口的數量必相當龐大，故不可能都用在軍事方面。大家都知道，硫黃除供製作火藥外，也可用於製藥和其他工業，如棉花、蠶絲的漂白，或製作瓷器等。就製藥方面言之，《集韻》云：「硫，硫黃，藥石。或作磂，通作流」。《本草》〈石硫黃〉則云：「釋名。硫黃，黃硇砂、黃牙，陽侯，將軍。時珍曰：『硫黃秉，純陽火石之精氣，性質通流，色賦中黃，故名硫黃』。」由此觀之，當時進口的硫黃用途未必侷限於軍事方面。

至於日本製扇子，當時進口的數量也必多，不可能全都用於倭寇的指揮作戰。日本扇之爲中國人所喜愛，由來已久。《鄰交徵書》二篇卷之二〈詩文部〉「元」所錄元人貢性之〈倭扇〉云：「外蕃巧藝奪天工，筆底丹青知無窮。好似越裳供翡翠，也從中國被仁風」。此外，元人吳萊有〈東夷倭人小摺疊畫扇子歌〉（註六），明太祖《高皇帝御製文集》，與上舉《鄰交徵書》同篇同卷同部「明」，也收錄朱元璋〈倭扇行〉一首。因此，當時流入官宦之家或一般民衆之間的日本扇不少，如過分強調它只被用於倭寇的指揮作戰，則可能與事實有出入而未必能把握事情的眞相。

註釋：

註一：石原道博，《倭寇》（東京，吉川弘文館，昭和三十九年四月）。

註二：《明史》（百衲本）卷一三〇，〈張赫傳〉云：「赫在海上久，所捕倭不可勝計。最後追寇至琉球大洋，與戰，擒其魁十八人，斬首數十級，獲倭船十餘艘，收弓、刀、器械無算」。

註三：託宣，神祇附託於人身，或出現於夢中傳達其意，即神託。

註四：神佛習合，佛教信仰與日本固有之神祇信仰之融合、調和。

註五：神功皇后，如據《日本書紀》的記載，她是仲哀天皇之后，名息長足姬尊，諡神功。相傳仲哀猝死後，日本曾遣軍前往朝鮮半島，討伐新羅，並使百濟、高句麗等服屬。神功即爲此一唱說故寔裏的中心人物。一般認爲此一故寔係爲將日本定位爲大國而虛構者。

註六：伊藤松貞一輯，《鄰交徵書》（日本天保戊戌（九年，一八三八）仲夏序刊本），二篇，卷之二，〈詩文部〉，「元」。